वंदे मातरम

एक संक्षिप्त यात्रा

डॉ. संदीप कुमार शर्मा

AF519537

डायमंड बुक्स

www.diamondbooks.in

प्रकाशक : डायमंड पॉकेट बुक्स (प्रा.) लि.
X-30 ओखला इंडस्ट्रियल एरिया, फेस -II
नई दिल्ली- 110020
फोन : 011-40712200
ई-मेल : wecare@diamondbooks.in
वेबसाइट : www.diamondbooks.in

संस्करण : 2026

मुद्रक : रेप्रो (इंडिया)

Vande Mataram

by *: Dr. Sandeep Kumar Sharma*

प्राक्कथन

बंकिमचंद्र चट्टोपाध्याय द्वारा लिखित गीत वंदे मातरम स्वतंत्रता सेनानियों का मंत्र बन गया। उनके इस ऋण से मानव समाज कभी भी उऋण नहीं हो सकता। 'आनंदमठ' उपन्यास का केंद्रीय कथानक संन्यासियों के एक समूह के इर्द-गिर्द घूमता है। जिन्हें संतान कहा जाता है। वह संन्यासी अपना जीवन अपनी मातृभूमि के लिए समर्पित करते हैं। वह मातृभूमि को देवी के रूप में पूजते हैं। उनकी भक्ति पूरी तरह से उनकी जन्मभूमि के प्रति है। इसी उपन्यास में बंकिमचंद्र चट्टोपाध्याय ने अपना गीत वंदे मातरम समाहित किया। उन्होंने पहले दो पद लिखे थे। उपन्यास आनंदमठ लिखते समय उन्होंने शेष पद लिखे।

बंकिमचंद्र चटर्जी ब्रिटिश सरकार की सेवा में कार्यरत थे। ब्रिटिश शासन ने भारत में अपना तानाशाही रवैया अपनाते हुए आदेश दिया कि 'गॉड सेव द क्वीन' नामक विदेशी गीत गाना अनिवार्य है। ब्रिटिश सरकार का यह अड़ियल फैसला बंकिमचंद्र चटर्जी को रास नहीं आया। वह बेचैन हो गए। उन्हें यह आदेश बिल्कुल स्वीकार नहीं था। उन्हें यह असहनीय लगा कि भारत की धरती पर एक विदेशी शासक के प्रशंसा में गीत गाया जाए। विरोध और राष्ट्रीय स्वाभिमान की इसी भावना ने बंकिमचंद्र को 'वंदे मातरम' गीत की रचना के लिए प्रेरित किया। ब्रिटिश हुकूमत का हिस्सा रहते हुए उन्होंने सन् 1875 में लिखा- वंदे मातरम।

बंगाल की सड़कों से लेकर बंबई-पंजाब के मैदानों तक "वंदे मातरम" की गूंज औपनिवेशिक शासन के खिलाफ प्रतिरोध के प्रतीक के रूप में सुनाई देने लगी।

अक्टूबर 1905 में कलकाता में वंदे मातरम संप्रदाय की स्थापना की गई। हर रविवार को इस संप्रदाय के सदस्य प्रभात फेरी में निकलते थे। "वंदे मातरम" गाते थे।

"वंदे मातरम" गीत भारत के स्वतंत्रता संग्राम का प्रतीक बन गया। इसमें स्वशासन की सामूहिक आकांक्षा और जनता और उसकी मातृभूमि के बीच भावनात्मक जुड़ाव समाहित था।

1905 के तूफानी दिनों में बंगाल में विभाजन-विरोधी और स्वदेशी आंदोलन के समय यह गीत और वंदे मातरम नारा आकर्षण का केंद्र बन गया। भारतीय राष्ट्रीय कांग्रेस के वाराणसी अधिवेशन में 'वंदे मातरम' गीत को अखिल भारतीय अवसरों के लिए अपनाया गया।

कांग्रेस के सभी अधिवेशनों में यह गीत आदर और श्रद्धा के साथ गाया जाता था। क्रांतिकारियों का जय घोष बन गया। देश आजाद हुआ। आकाशवाणी का शुभारंभ वंदे मातरम से ही होता है। दूरदर्शन का प्रसारण भी प्रतिदिन वंदे मातरम के गायन से होता है। विद्यालयों में वंदे मातरम गीत गाया जाता है। सरकारी और गैर सरकारी संगठनों में विशेष अवसरों पर वंदे मातरम गीत गाया जाता है।

बहुत कुछ है। इस पुस्तक के साथ बंकिमचंद्र चट्टोपाध्याय द्वारा लिखित आनंदमठ पढ़िए और यह जानने का प्रयास कीजिए की ब्रिटिश साम्राज्ञी की भारत सरकार ने किस तरह से भारत को तबाह कर दिया।

डॉ. संदीप कुमार शर्मा

पूर्व इतिहास

हिंदुस्तान पर मुगलों का शासन था। विलियम हॉकिन्स सन् 1608 में सबसे पहले इंग्लैंड से हिंदुस्तान आया। हॉकिन्स के नेतृत्व में 'रेड ड्रैगन' नामक जहाज सूरत बंदरगाह पर पहुंचा था। वह इंग्लैंड के राजा जेम्स प्रथम के दूत के रूप में मुगल दरबार में पेश हुआ। लेकिन वह अपने मकसद में कामयाब नहीं हो पाया। सात साल बाद सन् 1615 में मुगल बादशाह जहांगीर के दरबार में सर टामस रो इंग्लैंड के राजदूत के रूप में दस्तक दी। टामस रो को शुरूआत में सफलता नहीं मिल पाई। कालांतर में वह अपने मकसद में कामयाब रहा और उसने मुगल दरबार से आगरा और सूरत में व्यापारिक कारखाना स्थापित करने की अनुमति दे दी। अनुमति मिलने के बाद इंग्लैंड की ईस्ट इंडिया कंपनी ने हिंदुस्तान में व्यापार करने के उद्देश्य से अपना पहला भारतीय कारखाना बंगाल की खाड़ी के आंध्र तट पर मसूलीपट्टनम में स्थापित किया और दूसरा कारखाना सूरत में स्थापित किया गया। धीरे-धीरे कंपनी हिंदुस्तान के छोटे-छोटे सामंतों का विश्वास जीता और फिर शासन पर अपना अधिकार जमाना शुरू कर दिया।

कंपनी ने सन् 1756 में कर्नाटक और तंजावुर क्षेत्र पर अपना आधिपत्य स्थापित कर लिया। इसके बाद ईस्ट इंडिया कंपनी ने सन् 1757 में बंगाल पर बुरी नजर डाली और प्लासी का युद्ध जीत कर बंगाल पर अपना प्रभुत्व स्थापित कर लिया। इधर सन् 1761 में हैदराबाद निज़ाम मित्रता कर ली।

सन् 1798 तक कंपनी ने दक्षिण भारत में अपनी स्थिति मजबूत कर ली थी। लॉर्ड वेलेजली की नीति के परिणामस्वरूप सूरत शहर, कर्नाटक तथा तंजौर के राज्यों का अंत हो गया। अवध, हैदराबाद, बड़ौदा, पुणे और मैसूर सहायक संधियों द्वारा कंपनी के शिकंजे में बुरी तरह जकड़ लिये गये। सिंध और पंजाब से भी कंपनी ने मित्रता कर ली। सन् 1818 तक राजपूताना, मध्य भारत तथा बुन्देलखण्ड के सभी राज्य सतत मित्रता तथा सुरक्षा की संधियों द्वारा कंपनी के करदाता राज्य बन गये। देखते-ही-देखते कंपनी ने हिंदुस्तान के

एक बहुत बड़े हिस्से पर कब्जा कर लिया। शोषण, अत्याचार, जबरन कर वसूली और तानाशाही रवैए के कारण हिंदुस्तानी जनता में असंतोष व्याप्त होने लगा। परिणामस्वरूप पूर्वी भारत में सन्यासी विद्रोह, चुआर तथा हो का विद्रोह, कोल विद्रोह, संथाल विद्रोह, अहोम विद्रोह, खासी विद्रोह, पागल पंथी तथा फौजियों के विद्रोह हुए।

पश्चिम भारत में भी कंपनी के खिलाफ अनेक आंदोलन हुए। भील विद्रोह, कोल विद्रोह, कच्छ का विद्रोह, बघेरा विद्रोह, सूरत का नमक आंदोलन, रमोसी विद्रोह, कोल्हापुर और सावंतवाडी विद्रोह के साथ-साथ दक्षिण भारत में विद्रोह की शृंखला शुरू हुई। विजयनगर राजा का विद्रोह, पॉलीगर विद्रोह, दीवान वेला टम्पी का विद्रोह हुआ। सारे देश में प्रारंभ से ही अंग्रेजों का विरोध हो रहा था। हिंदुस्तानी सैनिकों के कम वेतन और कम सुविधाओं ने परिस्थितियों को और खराब कर दिया। सन् 1764 से 1850 के मध्य अनेक सैनिक विद्रोह हुए।

भारत में ब्रिटिश सरकार का उपनिवेश बन गया था। भारत पर लादी गई मुक्त व्यापार की नीति एक तरफा थी। मुक्त व्यापार की नीति का मुख्य उद्देश्य भारत को ब्रिटेन के कारखानों के माल का उपभोक्ता तथा कच्चे माल का निर्यातक बनाना था। अपने आर्थिक लाभ के लिए कंपनी के हुक्मरान किसी भी हद तक जा सकते थे। कंपनी के शासन के आरंभिक दशकों में बंगाल तथा मद्रास के पुराने ज़मींदार तबाह हो गए। राजस्व वसूली के अधिकार की नीलाम करने की परंपरा वारेन हेस्टिंग्स ने शुरू की। भू-राजस्व का भारी बोझ और वसूली संबंधी सख्त कानून के कारण ज़मींदारों की संपत्तियां बड़ी कठोरता से नीलाम कर दी गई। जमींदारी प्रथा के प्रसार की एक उल्लेखनीय विशेषता थी बिचौलियों का उदय। ईस्ट इंडिया कंपनी ने कृषि के सुधार और आधुनिकीकरण की कोई भी जिम्मेदारी अपने ऊपर लेने से इनकार कर दिया। ब्रिटिश शासन काल में कृषि शिक्षा पूर्णता उपेक्षित थी।

तत्कालीन समय में ईस्ट इंडिया कंपनी ने भारत की मौजूदा आर्थिक स्थिति को बहुत कमजोर कर दिया। शोषण, अत्याचार और कड़े कानूनों ने आम भारतीय नागरिकों को यह सोचने पर विवश कर दिया कि ईस्ट इंडिया कंपनी को देश से खदेड़ दिया जाए। संपूर्ण देश में ईस्ट इंडिया कंपनी का दबदबा कायम हो गया था। लार्ड एमहर्स्ट के शासनकाल में कछार, जयंतिया और त्रिपुरा ब्रिटिश संरक्षण में आ गये। मणिपुर स्वतंत्र मित्र राज्य बन गया। भरतपुर की शक्ति नष्ट कर दी गयी। लॉर्ड विलियम बेंटिक ने कुर्ग दुर्ग, मैसूर तथा जयंतिया को कु-शासन के बहाने तथा कछार को उत्तराधिकारी न होने के कारण हड़प लिया। लॉर्ड ऑकलैंड ने मांडवी, कोलावा, जालौन तथा कुर्नूल रियासतों पर अधिकार

कर लिया। लॉर्ड एलनबरो ने सिंध जीत लिया तथा ग्वालियर की सैनिक शक्ति नष्ट कर दी। लार्ड हार्डिंग्ज ने पंजाब की शक्ति संकुचित कर दी तथा जम्मू और कश्मीर के राज्य का निर्माण किया। लॉर्ड डलहौजी के समय रियासतों पर विशेष प्रकोप आया। उसने नागपुर, सतारा, झांसी, सम्भल पुर, उदयपुर, जैतपुर, वघात तथा करौली के शासकों को पुत्र गोद लेने के अधिकार से वंचित करके उनके राज्यों को हड़प लिया। हैदराबाद से बरार ले लिया था। कुशासन का आरोप लगाकर, अवध को अंग्रेजी राज्य में मिला लिया। इन आपत्तिजनक नीतियों के कारण रियासतों में असन्तोष फैल गया जो 1857 की सशस्त्र क्रान्ति का कारण बना। क्रान्ति के समय स्वार्थ से प्रेरित होकर अधिकांश देशी शासक कम्पनी के प्रति स्वामिभक्त बने रहे।

मंगल पाण्डे की पहल का प्रभाव उत्तरी भारत में बहुत तेजी से हुआ। चर्बी लगे कारतूस मुंह से खोलने के कारण मंगल पांडे ने बैरकपुर छावनी में ईस्ट इंडिया कंपनी के दो अधिकारियों को मार गिराया। यह खबर जंगल में आग की तरह फैल गई। इस घटना का सीधा प्रभाव मेरठ छावनी पर पड़ा और वहां भारतीय सैनिकों ने विद्रोह कर दिया। 9 मई को मेरठ में उठी विद्रोह की चिंगारी अगले दिन मुगल बादशाह बहादुर शाह जफर के दिल्ली दरबार में पहुंच गया। कुछ समय के लिए दिल्ली ईस्ट इंडिया कंपनी के हाथ से निकल गई। दिल्ली के चारों ओर के गांव कस्बे में ईस्ट इंडिया कंपनी ने छापे मार कर विद्रोह को दबाने का प्रयास किया और जल्दी ही दिल्ली को अपने अधिकार में कर लिया। इसके बाद भारत से ईस्ट इंडिया कंपनी का स्वामित्व समाप्त कर ब्रिटिश साम्राज्ञी के अधीन भारत का शासन आ गया।

बंकिमचंद्र चट्टोपाध्याय

26 जून, 1838 को उत्तरी चौबीस परगना के कंठाल पाड़ा, नैहाटी में एक परंपरागत और समृद्ध बंगाली ब्राह्मण परिवार याद चंद्र चट्टोपाध्याय एवं दुर्गा देवी चट्टोपाध्याय के घर में तीसरे पुत्र का जन्म हुआ। नाम रखा गया- बंकिमचंद्र। आपके दो बड़े भाई थे- श्यामाचरण चट्टोपाध्याय और संजीव चट्टोपाध्याय और छोटे भाई का नाम था- पूर्ण चंद्र चट्टोपाध्याय।

बंकिमचंद्र चट्टोपाध्याय ने जूनियर छात्रवृत्ति परीक्षा के सात विषयों में से छः विषयों में विशेष योग्यता हासिल की। इसके बाद सीनियर छात्रवृत्ति परीक्षा उत्तीर्ण करके अपनी योग्यता का परिचय दिया।

कलकत्ता के हुगली कॉलेज और प्रेसीडेंसी कॉलेज से उन्होंने प्रथम श्रेणी में बी ए पास

किया। प्रेसीडेंसी कॉलेज से बी ए की उपाधि लेने वाले आप पहले भारतीय थे। स्नातक शिक्षा समाप्ति के तुरंत बाद अंग्रेज हुकूमत ने उन्हें डिप्टी मजिस्ट्रेट पद देने की पेशकश की। वह इस नौकरी के लिए तैयार नहीं थे लेकिन पिता जी के कहने पर बंकिमचंद्र चट्टोपाध्याय ने अंग्रेजों की नौकरी स्वीकार कर ली। नौकरी में रहते हुए उन्होंने सन् 1869 में कानून की डिग्री हासिल की। वह अल्प काल तक बंगाल सरकार के सचिव पद पर भी रहे। राय बहादुर और सी. आई. ई. की उपाधियाँ पाईं।

सन् 1849 में आपका विवाह मृणालिनी देवी से हुआ। दस वर्ष के बाद सन् 1859 में आपकी पत्नी का देहांत हो गया। एक वर्ष बाद सन् 1860 में आपने राजलक्ष्मी को अपना जीवन साथी बनाया। पहली पत्नी से एक बेटा हुआ था। जिसकी मृत्यु हो गई। दूसरी पत्नी राजलक्ष्मी देवी से उनकी तीन बेटियाँ थीं, लेकिन कोई बेटा नहीं था। उनकी बेटियों के नाम थे- सरतकुमारी, निल्बजा कुमारी और उत्पल कुमारी।

सारी दुनिया में अपनी धाक जमाने के मकसद से सन् 1870-80 के दशक में ब्रिटिश शासकों ने सरकारी समारोहों में 'गॉड! सेव द क्वीन' गीत गाया जाना अनिवार्य कर दिया था। यह आदेश उन सभी लोगों पर लागू था जो अंग्रेजी शासन के मुलाजिम थे। फिर चाहे वह इंग्लैंड वासी हो या हिंदुस्तानी। इसके साथ-साथ उन सभी लोगों को भी यह गीत गाना भी अनिवार्य था जो समारोहों में सम्मिलित होते थे।

बंकिमचंद्र चटर्जी को नौकरी में आए हुए अभी दस-बारह साल ही हुए थे। वह डिप्टी कलेक्टर थे। अंग्रेजों के इस आदेश से उन्हें बहुत ठेस पहुँची। सरकारी अधिकारी होने के कारण उन्हें आदेश का पालन करने के अलावा और कोई दूसरा रास्ता नहीं था। मगर उनका दिल तो अपनी धरती मां के प्रति प्रेम से सराबोर था। स्वाभिमान और देश प्रेम उनमें कूट-कूट कर भरा हुआ था। उनके मन में कहीं-न-कहीं कुछ तो ऐसा था जो बार-बार बारंबार हिलोरे मार रहा था। शोषण की देवी की वंदना करने के बजाय अपनी धरती मां, अपने देश, उस पर मौजूद नाना प्रकार की वनस्पतियों, कुदरत के नजारों की वंदना करना उन्हें अधिक उचित लगा। मन की बेचैनी बढ़ती जा रही थी। अंग्रेजों की नौकरी से मन ऊबने लगा था। करीब तीस साल अंग्रेजों की नौकरी के बाद उन्होंने सन् 1888 में कंपनी की नौकरी छोड़ दी। अंग्रेजों की दास्तां से मुक्त होने के बाद उन्होंने मातृभूमि की सेवा में अपना जीवन समर्पित कर दिया। बंकिमचंद्र चट्टोपाध्याय का संस्कृत और बांग्ला दोनों भाषा पर समान अधिकार था। भारतीय संस्कृति के पुजारी ने अपनी संस्कृति को नये आयाम दिए।

तीस वर्षों की सेवा में आपको अंग्रेजों की नीति-अनीति का पूरा ज्ञान हो गया था। वह जानते थे कि देश की दुर्दशा हो चुकी है। गांव और शहर की जनता कैसे अपना जीवन

यापन कर रही है, यह उनसे छिपा नहीं था। प्राकृतिक आपदाओं की मार झेल रहे किसानों की हालत गंभीर होती जा रही थी। अनाज की पैदावार दिन प्रतिदिन कम होती जा रही थी। दूसरी ओर कंपनी लगान हर साल बढ़ती जा रही थी। कंपनी के अधिकारी केवल अपनी मौज-मस्ती के लिए लगातार ज्यादा-से-ज्यादा धन की मांग करने लगे थे। इसका परिणाम यह हुआ कि किसानों के घरों में चूल्हे टूटने लगे। भूखे किसान खेतों में काम करने लायक बचे ही नहीं। कुपोषण और बीमारियों का घर बन गया था सारा हिन्दुस्तान।

किसान ही नहीं बल्कि हथकरघा उद्योग भी दम तोड़ चुका था। इंग्लैंड में बने सामान की ओर लोगों का रुझान बढ़ने के कारण देशी माल की खपत नगण्य हो गई थी। मशीनों से बना माल सस्ता होने के कारण हाथ से बने सामान को महंगे दामों में खरीदना कोई भी नहीं चाहता था। आर्थिक मंदी की मार झेल रही जनता के सामने करो या मरो की स्थिति थी। अर्थात या तो कंपनी की जी हुजूरी करो, गुलामी करो, अत्याचार सहे या फिर मौत को गले लगा लो।

यह सब बंकिमचंद्र चटर्जी ने देखा, सुना और समझा। बंकिमचंद्र के सामने तीस सावन बद-से-बदतर हो गए थे। ईस्ट इंडिया कंपनी के बाद ब्रिटिश साम्राज्ञी के शासन काल में भी हालात नहीं सुधरे बल्कि और खराब हो गये। अब जब बंकिमचंद्र शासकीय सेवा में नहीं थे तब उनके पास अंग्रेजों के खिलाफ आवाज बुलंद करने का पूरा समय था। देशवासियों के हालात को सबके सामने उजागर करने का संकल्प लिया।

आपने नौकरी के दौरान ही साहित्य लेखन शुरू कर दिया था। उन्होंने पहली पुस्तक अंग्रेजी भाषा में लिखी थी। उसका नाम था- "राजमोहन्स वाइफ।" बांग्ला भाषा में लिखित आपकी पहली पुस्तक "दुर्गेशनंदिनी" मार्च 1865 में प्रकाशित हुई। दुर्गेशनंदिनी एक रूमानी कृति है।

"कपालकुंडला" नामक कृति सबसे ज्यादा रूमानी मानी जाती है। बंकिमचंद्र चटर्जी की इस पुस्तक का प्रकाशन 1866 में हुआ। ईस्ट इंडिया कंपनी में नौकरी करते हुए आप नियमित रूप से लेखन कार्य में संलग्न रहे।

सन् 1872 में बंकिमचंद्र चटर्जी ने एक मासिक पत्रिका "बंग दर्शन" का प्रकाशन प्रारंभ किया। इस समय आप "विषवृक्ष" नामक उपन्यास पर काम कर रहे थे। इस उपन्यास को आपने सन् 1873 में बंग दर्शन में क्रमशः छापा।

"कृष्ण कांतेर विल" नामक कृति में बंकिमचंद्र जी ने अंग्रेजों पर तीखा व्यंग्य करते हुए उनकी शासन व्यवस्था की पोल खोली। 7 नवंबर, 1875 में बंकिमचंद्र जी ने संस्कृत और बांग्ला के मिश्रण से एक नये गीत की रचना की और उसका शीर्षक दिया- 'वन्दे मातरम्'।

प्रारंभ में उन्होंने इसके केवल दो ही पद रचे गये थे जो संस्कृत में थे। इन दोनों पदों में केवल मातृभूमि की वंदना थी। गीत विशुद्ध संस्कृत में इस प्रकार है-

"वन्दे मातरम्!
सुजलां सुफलां मलयज शीतलाम्, शस्यश्यामलाम् मातरम्।"
शुभ्र ज्योत्सना पुलकित यामिनीम्, फुल्ल कुसुमित द्रुमदल शोभिनीम् ;
सुहासिनीं सुमधुर भाषिणीम्, सुखदां वरदां मातरम्।"

इस गीत की रचना करने के बाद बंकिमचंद्र चटर्जी का मन मातृभूमि की रक्षा और सेवा में रमने लगा था। वंदे मातरम की रचना को राष्ट्रवादी चिंतन में मील का पत्थर माना जाता है, जो मातृभूमि के प्रति भक्ति और आध्यात्मिक आदर्शवाद के मेल का प्रतीक है। बंकिमचंद्र चट्टोपाध्याय ने अपनी लेखनी के ज़रिए, न केवल बंगाली साहित्य को समृद्ध किया, बल्कि भारत के शुरुआती राष्ट्रवादी आंदोलन के लिए बुनियादी वैचारिक सिद्धांत भी रखे। वंदे मातरम में उन्होंने देश को मातृभूमि को माँ के रूप में देखने का नजरिया दिया। सन् 1882 में मातृ भावनाओं का सैलाब "आनंदमठ" उपन्यास के रूप में सामने आया।

उपन्यास आनंदमठ सन् 1773 में हुए सन्यासी विद्रोह की घटनाओं पर आधारित एक राजनीतिक पृष्ठभूमि की रचना है। आनंदमठ सन् 1882 में प्रकाशित हुआ था। यह उपन्यास पूरी तरह से देशभक्ति की भावना से ओत-प्रोत है।

बंकिमचंद्र चटर्जी का अंतिम उपन्यास सन् 1886 में प्रकाशित हुआ था। जिसका नाम है- "सीताराम।" इस उपन्यास में मुस्लिम सत्ता के प्रति एक हिंदू शासक का विरोध प्रदर्शित किया गया है।

बंकिमचंद्र चटर्जी ने केवल उपन्यास ही नहीं लिखे बल्कि उनकी कविताएं "ललिता ओ मानस" के शीर्षक में संकलित हैं। इसके अतिरिक्त आपके द्वारा लिखित धार्मिक, सामाजिक और समसामयिक विषयों पर भी अनेक निबंध भी मिलते हैं। बंकिमचंद्र चटर्जी की पहचान भारतीय इतिहास में एक उपन्यासकार, लेखक, पत्रकार और बांग्ला कवि के रूप में हैं। आपकी अन्य प्रमुख कृतियां हैं- कपालकुंडला (1866) और देवी चौधरानी (1884) आदि। आपने कुल 14 उपन्यास और अन्य विषयों पर 18 पुस्तकें लिखी।

वंदे मातरम के रचयिता बंकिमचंद्र चटर्जी 19वीं सदी के बंगाल की सबसे जानी-मानी हस्तियों में से एक थे। 19वीं सदी के दौरान बंगाल के बौद्धिक और साहित्यिक इतिहास में उनकी बहुत महत्वपूर्ण भूमिका है। एक जाने-माने उपन्यासकार, कवि और निबंधकार के तौर पर उनके योगदान ने आधुनिक बंगाली गद्य के विकास और उभरते भारतीय राष्ट्रवाद की अभिव्यक्ति पर महत्वपूर्ण प्रभाव डाला।

अमर गीत वंदे मातरम के रचनाकार बंकिमचंद्र चट्टोपाध्याय 8 अप्रैल, 1894 को चिरनिंद्रा में विलीन हो गए। अपनी जननी और मातृभूमि से प्रेम करने वालों के दिलों में बंकिमचंद्र चट्टोपाध्याय पीढ़ी-दर-पीढ़ी जीवित रहेंगे।

वंदे मातरम

1875,

7 नवंबर

बंकिमचंद्र नौकरी से कुछ वक्त के लिए छुट्टी लेकर हुगली नदी किनारे बसे अपने गांव नैहाटी थकान मिटाने के लिए चले आया करते थे। उस दिन भी बंकिमचंद्र नोहाटी की रेल में सफर कर रहे थे। मन व्यथित था। उनका मन अंग्रेजों की नौकरी में लगता नहीं था। मजिस्ट्रेट की नौकरी करते समय उनके सामने जिस तरह के मामले आते थे उनसे उनका मन बेचैन हो उठता था। इधर उनके मन देश की माली हालत के बारे में विचार कर रहे थे और उधर रेल अपनी रफ्तार से बढ़ रही थी। खिड़की के साथ बैठे बंकिमचंद्र हरी-भरी कुदरत का नजारा ले रहे थे। लहलहाते खेत, पीपल, बरगद, नीम, आम आदि के वृक्ष प्राकृतिक सौंदर्य को खूबसूरत बना रहे थे। कहीं पोखर-तालाब हैं तो कहीं खेतों की जुताई-निराई हो रही है। आकाश में उड़ते पक्षी उन्हें आकर्षित कर रहे थे। कोई पशुओं को तालाब में नहला रहा है तो कोई गाय-भैंस चरा रहा है। खेतों के बीच में से निकलती सड़क और सड़क किनारे चार-पांच मकान। उन मकानों के सामने खेलते बच्चे। बड़े काम में व्यस्त हैं और बच्चे खेल में मस्त हैं। ऐसे खुशनुमा माहौल में उनके मुंह से निकला "वंदे मातरम।" बस फिर क्या था। उन्हें एक रास्ता मिला। एक संदेश मिला। उन शब्दों को लेकर आगे के वाक्य खुद-ब-खुद दिल-ओ-दिमाग में उभर आए और पंक्ति बनी- सुजलाम् सुफलाम् मलयज शीतलाम् शस्यश्यामलाम् मातरम्।।

स्यालदा से नैहाटी पहुंचते-पहुंचते दो पद मन-मस्तिष्क में तैयार हो गए थे। घर जाकर उन्होंने अपने शब्दों को कागज पर उतार दिया-

सुजलाम् सुफलाम् मलयज
शीतलाम् शस्यश्यामलाम् मातरम्।।
शुभ्रज्योत्सनाम् पुलकितयामिनीम्
पुलकुसुमिता द्रुमदल शोभिनीम्
सुहासिनीम् सुमधुर भाषिणीम्
सुखदाम् वरदाम् मातरम्।।

गीत लिखकर उन्हें सुकून मिला। बहुत दिनों बाद बंकिमचंद्र उस रात सुकून से सोए। मानो एक बोझ दिल से उतर गया हो। बंकिमचंद्र चट्टोपाध्याय दो जिंदगी जी रहे थे। एक जिंदगी दफ्तर में और दूसरी साहित्य सृजन में। दफ्तर की जिंदगी में उन्हें रोज नित नए अनुभव होते थे। अनेक बार तो उन्होंने अंग्रेजों की नीति के विरुद्ध जा कर देशवासियों के हक में फैसला सुनाया। घर आते तो उनका स्वभाव दफ्तर से उलट हो जाता। जो दिन भर सुनते, देखते, महसूस करते उसे साहित्यिक रूप से उतार देते कागज पर।

आनंदमठ का कथानक

उत्तर बंगाल में संन्यासी विद्रोह हुआ था। साल था 1773 अंग्रेजों की ईस्ट इंडिया कंपनी के शासन, जमींदारों के शोषण व प्राकृतिक प्रकोप यानी अकाल में मर रही जनता को जागृत करने हेतु अचानक उठ खड़े हुए सन्यासी। उन्होंने विद्रोह कर दिया। बांग्ला भाषा में लिखा गया उपन्यास 'आनंदमठ' बंगाल के दुर्भिक्ष का वर्णन करता है। जब लोग दाने-दाने के लिए तरस रहे थे। सब गांव छोड़कर यहाँ-वहाँ भाग रहे थे। ब्रिटिश साम्राज्य की दमनकारी नीतियों के विरोध में "सन्यासी विद्रोह" की पृष्ठभूमि पर आधारित एक देशभक्ति पूर्ण उपन्यास ने आकार लेना शुरू कर दिया था। उपन्यास में नायक की भूमिका और देशभक्ति की भावना से प्रेरित उसके जज्बातों को और दमदार तरीके से प्रस्तुत करने के उद्देश्य से बंकिमचंद्र चटर्जी ने पहले संस्कृत भाषा में लिखी कविता "वंदे मातरम" को "आनंदमठ" के नायक से बांग्ला भाषा में जो उद्गार व्यक्त किए हैं वह तत्काल समाज, राजनीतिक, धार्मिक और आर्थिक हालात का सर्वश्रेष्ठ दर्पण है। उन्होंने 1882 में जब आनन्द मठ नामक बाँग्ला उपन्यास लिखा तब मातृभूमि के प्रेम से ओतप्रोत इस गीत को भी उसमें शामिल कर लिया।

कथा एक गाँव की है। महेंद्र और कल्याणी अपने अबोध शिशु को लेकर गांव से दूर जाना चाहते हैं। अकाल और यहां लूटपाट-डकैती आदि की घटनाओं के कारण उनके मन में खौफ है। इस वजह से वह गांव छोड़कर चले जाने का फैसला करते हैं। एक शाम दोनों अपनी बेटी को लेकर चुपचाप गांव से निकल जाते हैं। रास्ते में डकैत कल्याणी को पकड़ लेते हैं परंतु वह जान बचाती दूर जंगल में भटक जाती है।

महेन्द्र को सिपाही पकड़ लेते हैं। जहाँ हाथापाई होती है। तभी वहां भवानंद नामक सन्यासी आकर महेंद्र की रक्षा करता है। भवानंद आत्मरक्षा में अंग्रेज को मार देता है। वहाँ दूसरा संन्यासी जीवानन्द भी पहुंचता है। भवानंद और जीवानन्द दोनों सन्यासी, प्रधान

सत्यानन्द के शिष्य हैं, जो 'आनंदमठ' में रहकर देश सेवा के लिए कर्म करते हैं। भवानंद महेंद्र को दिलासा देता है कि उसे घबराने की कोई बात नहीं है। वह सुरक्षित है।

महेन्द्र भवानंद का परिचय जानना चाहता है क्योंकि यदि भवानंद न मिलता तो उसकी जान जा सकती थी। भवानंद ने जवाब दिया- "मेरा परिचय जानकर क्या करोगे?" महेन्द्र ने कहा- "मैं जानना चाहता हूं, आज आपने मेरा बहुत उपकार किया है।"

भवानंद कहता है- "मैं संन्यासी हूं।"

महेन्द्र समझ नहीं पाया कि सन्यासी डकैतो की तरह भी हो सकता है। उसकी समझ में कुछ भी नहीं आता। वह सोचता है कि इन दोनों पर विश्वास किया जाए या नहीं ? मगर जिन परिस्थितियों में महेंद्र घिरा हुआ था और दोनों संन्यासियों ने उसकी जान बचाई थी तो विश्वास करने के अलावा उसके पास दूसरा कोई रास्ता नहीं था।

भवानंद महेंद्र की पत्नी और पुत्री से मिलाने का भी आश्वासन देता है। भवानंद की मुद्रा सहसा बदल गयी थी। वह अब धीर स्थिर प्रकृति का संन्यासी नहीं लग रहा था। उसके चेहरे पर मुस्कुराहट तैर रही थी। मौन भंग करने के लिए वह व्यग्र हो रहा था, परन्तु महेन्द्र गंभीर था। तब भवानंद ने गीत गाना शुरू किया-

"वन्दे मातरम्!
सुजलां सुफलां मलयज
शीतलां शस्यश्यामलां मातरम्।"

बंकिमचंद्र ने सन् 1875 में बंकिमचंद्र ने वंदे मातरम् कागज पर उतारा और लगभग आठ साल बाद सन् 1882 में उन्होंने अपने उपन्यास 'आनंदमठ' में वंदे मातरम को शामिल किया। आनंदमठ में संकलित "वंदे मातरम" गीत के पहले दो पद रविवार, कार्तिक सुदी नवमी, शके 1797 अर्थात 7 नवम्बर, 1875 को बंकिम जी ने लिख दिए थे।

संन्यासियों के एक समूह अपनी मातृभूमि के लिए अपनी जिंदगी समर्पित कर देते हैं। वह मातृभूमि को देवी माँ के रूप में पूजते हैं। उनकी भक्ति सिर्फ अपनी जन्मभूमि के लिए है। "वंदे मातरम" आनंदमठ के संतों द्वारा गाया गया गीत है। यह "राष्ट्रभक्ति के धर्म" का प्रतीक था। जो आनंदमठ का मुख्य विषय था।

अपने मंदिर में उन्होंने मातृभूमि को दर्शाने वाली माँ की तीन मूर्तियां रखी थीं। माँ जो अपने भव्य महिमा में महान और गौरवशाली। माँ जो अभी दुखी और धूल में पड़ी है और माँ जो भविष्य में अपनी पुरानी महिमा में पुनः प्रतिष्ठित होगी। बंकिम बाबू ने 'आनन्द मठ' के तीसरे संस्करण में स्वयं ही कह दिया था कि वंदे मातरम गीत के आगे वाले पद बाद में

लिखे गए थे। उपन्यास की कथावस्तु के अनुसार बाद वाले इन सभी पदों में मातृभूमि की दुर्गा के रूप में स्तुति की गई है।

उपन्यास में नायक की भूमिका और देशभक्ति की भावना से प्रेरित उसके जज्बातों को और दमदार तरीके से प्रस्तुत करने के उद्देश्य से बंकिमचंद्र चटर्जी ने पहले संस्कृत भाषा में लिखी कविता "वंदे मातरम्" को "आनंदमठ" के नायक से बांग्ला भाषा में जो उद्गार व्यक्त किए हैं वह तत्काल समाज, राजनीतिक, धार्मिक और आर्थिक हालात का सर्वश्रेष्ठ दर्पण है। उन्होंने 1882 में जब आनन्द मठ नामक बाँग्ला उपन्यास लिखा तब मातृभूमि के प्रेम से ओतप्रोत इस गीत को भी उसमें शामिल कर लिया।

बंग दर्शन, आनंदमठ और वंदे मातरम

बंकिम बाबू ने 'आनंदमठ' उपन्यास सन् 1880 में लिखा। कलकत्ता की 'बंग दर्शन' मासिक पत्रिका में उसे क्रमशः प्रकाशित किया गया। उपन्यास 'आनंदमठ' लिखने के करीब पांच वर्ष पहले बंकिम बाबू ने 'वंदे मातरम्' को लिख दिया था। 'आनंदमठ' उपन्यास प्रकाशित होने के बाद लोगों को उसका पता चला।

इस संबंध में एक दिलचस्प किस्सा है। बंकिम बाबू 'बंग दर्शन' के संपादक थे। एक बार पत्रिका का साहित्य तैयार हो रहा था। उस समय साहित्य कम पड़ गया था। बंकिम बाबू के सहायक संपादक रामचंद्र बंदोपाध्याय बंकिम बाबू के घर पर गए और उनकी निगाह 'वंदे मातरम्' लिखे हुए कागज पर गई।

कागज उठाकर बंदोपाध्याय ने कहा- "फिलहाल तो मैं उससे ही काम चला लेता हूँ।"

बंकिमचंद्र ने अपने सहायक संपादक को कहा- "नहीं! ये गीत पत्रिका में प्रकाशित नहीं कर सकते।"

यह बात सन् 1872 से 1876 के बीच की होगी। बंकिम बाबू ने बंदोपाध्याय से कहा- "आज इस गीत का मतलब लोग समझ नहीं सकेंगे।...एक दिन ऐसा आएगा कि ये गीत सुनकर सम्पूर्ण देश निद्रा से जाग उठेगा।"

यह सुनकर सहायक संपादक रामचंद्र बंदोपाध्याय ने कहा- "फिर तो इस गीत का प्रकाशन अत्यंत आवश्यक है। आज भले ही लोग इसका मतलब न समझें लेकिन भविष्य की नींव तो तैयार हो जाएगी।"

गीत पत्रिका में प्रकाशित हुआ और अमर हो गया।

इस संबंध में एक किस्सा और भी प्रचलित है। बंदोपाध्याय बंकिमचंद्र के घर गए। दोपहर का समय था। बंकिम बाबू सो रहे थे। बंकिम बाबू जागे और उन्होने सहायक

संपादक रामचंद्र बंदोपाध्याय को वह कागज पढ़ने को दिया जिस पर वंदे मातरम गीत लिखा हुआ था।

'वंदे मातरम्' गीत पढ़ने के बंदोपाध्याय ने कहा- "गीत तो अच्छा है...पर अधिक संस्कृतनिष्ठ होने के कारण लोगों की ज़ुबान पर आसानी से चढ़ नहीं सकेगा।"

यह सुनकर बंकिम बाबू हंस दिए और बोले- "यह गीत शतकों तक गाया जाता रहेगा।"

प्रतिबंध

'वंदे मातरम' गीत स्वतंत्रता आंदोलन की आवाज बन गया। जिसने गुलामी की नींद में सोए भारतीयों को जगाया। बंकिमचंद्र चट्टोपाध्याय की कलम से निकला 'वंदे मातरम्' जब गूंजता, तो सुनने वालों के दिलों में ऐसी क्रांति की लपटें उठती कि अंग्रेजी हुकूमत की नींव हिल जाती। खेत-खलिहानों से लेकर जेल की अंधेरी कोठरियां तक यह गीत आजादी के मतवालों के लिए प्रेरणा का स्रोत बना। इसके हर स्वर में मातृभूमि की सुगंध और हर पंक्ति में आजादी का जज्बा था। अपनी माटी के प्रति समर्पण, त्याग और गर्व का प्रतीक राष्ट्रगीत 'वंदे मातरम्' सिर्फ लिखा या गया नहीं गया, बल्कि जिया गया।

बंकिमचंद्र चट्टोपाध्याय ने संभवतः स्वप्न में भी नहीं सोचा होगा कि 'वंदे मातरम्' देशभक्ति मंत्र बन जाएगा। गीत के रूप में यह स्वतंत्रता सेनानियों द्वारा गाया जाने लगेगा। प्रभात फेरियों में जयघोष बन जाएगा वंदे मातरम। गांव-गांव, शहर-शहर और हर उम्र के हिंदुस्तानी आपस में बातचीत करते हुए 'वंदे मातरम' कहकर इसे लोकप्रिय बना देंगे। नहीं सोचा था बंकिमचंद्र जी ने। देखते-देखते यह भारतीय राष्ट्रीयता का आध्यात्मिक जयघोष बन गया। "वंदे मातरम" शब्द ने गुलामी से जूझ रहे देशवासियों में उत्साह का संचार किया। आशा की अलख जगाई। अति पुरातन काल से हिंदुस्तानी सभ्यता और संस्कृति में अपनी मातृभूमि को आध्यात्मिक सम्मान दिया गया है। देश के प्रति यह भाव भारतीयों में सदैव रहा है और आज भी है। ऐसी सोच रखने वाले समाज को "वंदे मातरम" एक मंत्र के रूप में मिल गया। मुगल काल में संस्कृत भाषा दम तोड़ चुकी थी और वेदों में संकलित ज्ञान का हास हो चुका था। जबकि वेदों में 'माता भूमिः पुत्रोऽहं पृथिव्याः' जैसा उद्घोष है, यानी भूमि मेरी माता है और मैं उसकी संतान हूं। वंदे मातरम ने इस भावना को पुनः जागृत कर दिया। हमारे पौराणिक साहित्य में संकलित हैं कि जननी जन्मभूमि स्वर्ग से भी सुंदर है। धरती मातृशक्ति है। सदियों से भारतवासी मातृशक्ति की विभिन्न रूपों की पूजा अर्चना करते आए हैं।

गीत वंदे मातरम आजादी की लड़ाई लड़ रही कांग्रेस के पदाधिकारियों तक पहुंचा। छह छंदों वाले इस गीत को सन् 1896 में गुरुदेव रवींद्रनाथ टैगोर ने कांग्रेस के बारहवें अधिवेशन में गाया। कलकत्ता में आयोजित इस अधिवेशन की अध्यक्षता रहीमतुल्ला एम. सयानी कर रहे थे। दादाभाई नौरोजी, सुरेंद्रनाथ बनर्जी और गोपाल कृष्ण गोखले आदि प्रमुख देशभक्त अधिवेशन में उपस्थित थे। इस अधिवेशन में शामिल होने वाले प्रतिनिधियों की संख्या 700-800 के बीच थी।

सन् 1901 में एक बार फिर कांग्रेस अधिवेशन कलकत्ता में हुआ। दिनशा एडुलजी वाचा की अध्यक्षता में यह अधिवेशन संपन्न हुआ था। महात्मा गांधी पहली बार कांग्रेस के इस अधिवेशन में सम्मिलित हुए। महात्मा गांधी की उपस्थिति में वंदे मातरम का गान हुआ। इस अधिवेशन में फ़िरोज़शाह मेहता, लोकमान्य बाल गंगाधर तिलक और गोपाल कृष्ण गोखले जैसे दिग्गज आजादी के दीवाने उपस्थित थे।

दिसंबर 1905 में भारतीय राष्ट्रीय कांग्रेस कार्यकारिणी वार्षिक बैठक गोपाल कृष्ण गोखले की अध्यक्षता में बनारस में हुई। लाला लाजपत राय, बाल गंगाधर तिलक, मदन मोहन मालवीय आदि कार्यकारिणी के सदस्य मौजूद थे। कार्यकारिणी की इस बैठक में वंदे मातरम गीत को अखिल भारतीय आयोजनों में गाने का निर्णय लिया गया।

सन् 1905 में ही बंग-भंग आंदोलन के दौरान हिंदू-मुस्लिम दोनों समुदायों ने एकजुट होकर वंदे मातरम् गाया।

चिदंबरम पिल्लई ने सन् 1907 में स्वदेशी जहाज पर वंदे मातरम् लिखवाया था।

रामप्रसाद बिस्मिल ने अपनी प्रतिबंधित पुस्तक 'क्रांति-गीतांजलि' का पहला गीत वंदे मातरम् ही रखा।

तिरंगा और वंदे मातरम

स्वतंत्रता आंदोलन के समय अनेक ध्वज प्रयोग में लाए गए। वंदे मातरम् के लोकप्रिय होने के बाद इसका प्रयोग ध्वज पर लिखकर भी किया जाने लगा था।

पहली बार भारत का एक तिरंगा सामने आया तो उसमें संस्कृत के इन दोनों ही पवित्र शब्दों को उकेरा गया था। सन् 1906 में जब देश में स्वदेशी और बहिष्कार आंदोलन चल रहा था, तब पहली बार कलकत्ता के पारसी बागान स्कॉयर में यह तिरंगा फहराया गया था, जिस पर 'वंदे मातरम् लिखा हुआ था। इस झंडे का ऊपरी हिस्सा हरा था, जिस पर 8 कमल निशान, बीच में पीली और नीचे लाल रंग वाली पट्टी थी।

एक साल बाद ही 1907 में मैडम भीकाजी कामा ने पेरिस में भी कुछ संशोधन के साथ एक तिरंगा फहराया। इसमें ऊपर केसरिया, बीच में पीली और नीचे हरी रंग की पट्टी थी, लेकिन 'वंदे मातरम्' अपनी जगह कायम था। इस बार ऊपर की केसरिया पट्टी पर 8 कमल निशान उकेरे गए थे।

बंगाल के ब्रहम समाजी नेता कृष्ण कुमार मिश्र ने विदेशी वस्तुओं के बहिष्कार की एक समिति का गठन किया था। समिति के स्वयं सेवकों ने सुरेन्द्रनाथ बनर्जी को एक ध्वज भेंट किया। लाल, हरे और पीले रंग के इस ध्वज पर आठ अर्धविकसित कमल, सूर्य और अर्धचंद्र के साथ ध्वज के बीचों-बीच देवनागरी लिपि में लिखा था- "वंदे मातरम्।"

कांग्रेस अधिवेशन और वंदे मातरम

गीत वंदे मातरम् शीघ्र ही लोकप्रिय हो गया। सन् 1896 में भारतीय राष्ट्रीय कांग्रेस के कलकत्ता अधिवेशन में गुरुदेव रवीन्द्रनाथ ठाकुर ने यह गीत पहली बार गाया। इस अधिवेशन में उपस्थित सभी सदस्यों ने सावधान खड़े होकर गीत गाया। इसके उपरांत कांग्रेस के सभी अधिवेशनों का शुभारंभ "वंदे मातरम्" से होने की परंपरा बन गई। यह परंपरा आज भी जारी है।

आकाशवाणी के दिल्ली केंद्र में गुरूदेव रवीन्द्रनाथ ठाकुर जी की मौलिक आवाज में "वंदे मातरम्" गीत सुरक्षित है जो आपने सन् 1896 के कांग्रेस के कलकत्ता अधिवेशन में गाया था। पाँच साल बाद यानी सन् 1901 में कलकत्ता में हुए एक अन्य अधिवेशन में श्री चरणदास ने यह गीत पुनः गाया। सन् 1905 के बनारस अधिवेशन में इस गीत को सरला देवी चौधरानी ने स्वर दिया। सरला देवी चौधरानी रवीन्द्रनाथ ठाकुर की भतीजी थी। बंगाल प्रदेश कांग्रेस के प्रांतीय अधिवेशन में भी वंदे मातरम् गाया गया। यह अधिवेशन 1906 में हुआ था और इसकी अध्यक्षता बंगाल के अब्दुल रसूल ने की थी। इस अधिवेशन में प्रतिनिधियों ने वंदे मातरम् बैच लगा रखे थे। इस कारण पुलिस ने उन पर लाठी चार्ज किया। इस घटना की गूंज मद्रास तक पहुंची। वहां भी वंदे मातरम् का उदघोष करते हुए बड़ी संख्या में लोग एक मैदान में एकत्रित हो गए थे। महाराष्ट्र के वर्धा शहर में 14-17 अगस्त, 1937 में कांग्रेस वर्किंग कमेटी की बैठक में वंदे मातरम् पर विस्तार से विचार विमर्श हुआ। इस बैठक में यह निर्णय लिया गया कि वंदे मातरम गीत के पहले दो अनुच्छेद भारत माता की वंदना के रूप में हैं और इससे किसी की भी धार्मिक आस्था आहत नहीं होती।

कांग्रेस द्वारा 1937 में पारित प्रस्ताव में भी कहा गया था- "'जहाँ भी 'वंदे मातरम्' गाया जाए, वहाँ केवल पहले दो छंद गाए जाएँ और आयोजकों को यह स्वतंत्रता हो कि वे इसके साथ कोई और आपत्तिहीन गीत भी गा सकें।"

'वंदे मातरम्' की आलोचना करने वाले वर्ग को यह ध्यान रखना चाहिए कि पहली बार 1896 में कांग्रेस के अधिवेशन में रवीन्द्रनाथ टैगोर ने ही गाया था, जिसकी अध्यक्षता रहीमतुल्लाह सयानी ने की थी।

संविधान सभा

यह दुखद है कि आलोचना करने वाले वर्ग ने केवल टैगोर के सन् 1937 के निर्णय का अनादर कर रहे हैं, बल्कि संविधान सभा की उस बुद्धिमत्ता पर भी प्रश्नचिह्न लगा रहे हैं। जिसने उसी रूप में 'वंदे मातरम्' को अपनाया।

संविधान सभा के अध्यक्ष राजेंद्र प्रसाद ने 24 जनवरी, 1950 को कहा था-

"'जन गण मन' को भारत का राष्ट्रीय गान घोषित किया जाता है और 'वंदे मातरम्', जिस ने स्वतंत्रता संग्राम में ऐतिहासिक भूमिका निभाई, उसे भी समान सम्मान और दर्जा प्राप्त होगा।"

उन्होंने यह भी बताया कि इस विषय पर प्रस्ताव लाने के बजाय यह बेहतर समझा गया कि अध्यक्ष स्वयं इस संबंध में घोषणा करें।

इतिहास स्पष्ट करता है कि टैगोर ने 1896 में इसे गाया और बाद में तय किया कि केवल शुरुआती दो छंद ही उपयुक्त हैं। 150वीं वर्षगांठ का उपयोग विभाजनकारी राजनीति के लिए करना और इतिहास को तोड़-मरोड़ कर प्रस्तुत करना है।

स्वतंत्र भारत और संसद भवन

15 अगस्त, 1947 को संसद भवन के केंद्रीय कक्ष में पंडित ओमकार नाथ ठाकुर ने वंदे मातरम् गीत प्रस्तुत किया।

विचार प्रवाह

समय-समय पर वंदे मातरम गीत पर तत्कालीन नेताओं ने अपने विचार व्यक्त किए।

महात्मा गांधी

दक्षिण अफ्रीका में रहते हुए गांधीजी ने 2 दिसंबर, 1905 को इंडियन ओपिनियन में

"द हीरोइन सॉन्ग ऑफ बंगाल" नामक लेख में लिखा- "'वंदे मातरम' हमारा राष्ट्रीय गीत है।" उन्होंने आगे लिखा -

"यह भावनाओं में श्रेष्ठ और अन्य देशों के गीतों से कहीं अधिक मधुर है। इसमें किसी के प्रति द्वेष नहीं, केवल देशभक्ति की भावना है। यह भारत माता की स्तुति है, जैसे हम अपनी माँ की पूजा करते हैं।"

सावरकर

सावरकर के अनुसार- "वंदे मातरम भारत माता के प्रति श्रद्धा और देशभक्ति का प्रतीक है।" उन्होंने इसे हिंदुओं के लिए एक राष्ट्रीय गीत के रूप में स्वीकार किया। इसका विरोध करने वाले मुस्लिम नेताओं की आलोचना की। सावरकर का मानना था कि इसे धार्मिक आधार पर खारिज करना राष्ट्रविरोधी है।

मोहम्मद अली जिन्ना

आपने पढ़ा कि अहमद अली, शौकत अली, जफर अली जैसे वरिष्ठ मुस्लिम नेता इसके सम्मान में उठकर खड़े होते थे। कट्टर सांप्रदायिक बनने के पहले मोहम्मद अली जिन्ना तो इसके सम्मान में न खड़े होने वालों को फटकार लगाते थे। अशफाक उल्ला इसे गाते हुए फांसी पर झूल गए। पूर्व कांग्रेस नेता आरिफ मोहम्मद खान ने इसका उर्दू में अनुवाद किया।

इससे स्पष्ट है कि कालांतर में अंग्रेजों की फूट डालो और शासन करो की नीति के तहत मोहम्मद अली जिन्ना का स्वर बदला। मत बदला और बदला गुलाम भारत की राजनीति का।

मोहम्मद अली जिन्ना ने "वंदे मातरम" को इस्लाम-विरोधी और मुस्लिम-विरोधी गीत मानते हुए उसका विरोध किया। उन्होंने सन् 1937 और सन् 1938 में इस मुद्दे पर कांग्रेस की आलोचना करते हुए यह तर्क दिया कि यह गीत धार्मिक भावनाओं को ठेस पहुंचाता है। कांग्रेस इसे जबरन थोपने की कोशिश कर रही है। जिससे हिंदू-मुस्लिम संबंधों में तनाव बढ़ा। उनका मानना था कि कांग्रेस का यह कदम उसे एक हिंदू संगठन के रूप में दर्शाता है। कांग्रेस मुस्लिम बच्चों को सरकारी स्कूलों में इस गीत को गाने के लिए मजबूर कर रही है, जो इस्लाम के विरुद्ध है। जिन्ना ने इस मुद्दे को राजनीतिक रूप से इस्तेमाल किया ताकि वह कांग्रेस पर हिंदू केंद्रित होने का आरोप लगा सकें। मुसलमानों की धार्मिक पहचान पर जोर दे सकें। उन्होंने कांग्रेस को "राष्ट्रवाद का ढोंग" करने वाला भी कहा।

मोहम्मद अली जिन्ना कांग्रेस के किसी भी प्रयास को स्वीकार करने को तैयार नहीं थे।

कांग्रेस ने आपत्तिजनक छंदों को हटाने के लिए एक समिति बनाई। जिन्ना ने उस समय भी अपना विरोध जारी रखा। यह कहते कहा- "वंदे मातरम का पूरा या कटा हुआ संस्करण, दोनों ही मुसलमानों को स्वीकार्य नहीं हैं।"

हेडगेवार

संघ के संस्थापक हेडगेवार "वंदे मातरम" को राष्ट्रभक्ति जगाने और हिंदू समाज को एकजुट करने के लिए एक सशक्त मंत्र मानते थे। अपने मत के विपरीत उन्होंने संघ की दैनिक शाखाओं में इसे शामिल नहीं किया बल्कि "नमस्ते सदा वत्सले" जैसे गीत को शामिल किया।

मौलाना आजाद

मौलाना अबुल कलाम आज़ाद ने 'वंदे मातरम' की प्रशंसा करते हुए कहा था- "ये गीत बहुत सुंदर है और प्रेरणादायक है। यह देशभक्ति का प्रतीक है।"

सरदार वल्लभ भाई पटेल

"वंदे मातरम" की भावना को उन्होंने अपने कार्यों और 'एक भारत, श्रेष्ठ भारत' के विजन के माध्यम से मूर्त रूप दिया।

पंडित जवाहरलाल नेहरू

पंडित जवाहरलाल नेहरू मानते थे कि "वंदे मातरम" देशभक्ति और राष्ट्र की एकता की आवाज है, जो अंग्रेजों के खिलाफ लोगों को एकजुट करती थी।

राष्ट्रगीत

राष्ट्रगीत और राष्ट्रगान को लेकर अधिकांश लोगों में भ्रम बना रहता है। सन् 1997 में आजादी की पचासवीं वर्षगांठ पर दूरदर्शन पर प्रसारित वृत्तचित्र- वंदे मातरम : एक गीत जो मंत्र बन गया, के निर्माण के समय मैंने युवाओं, महिलाओं, पुरुषों और विद्यार्थियों से एक प्रश्न पूछा था कि राष्ट्रगीत और राष्ट्रगान में क्या अंतर होता है? मुझे केवल पंद्रह प्रतिशत लोगों ने सही उत्तर दिया था।

राष्ट्रगान

राष्ट्रगान औपचारिक और सरकारी कार्यक्रमों में अनिवार्य होता है। राष्ट्रगान के समय

सभी लोगों को सावधान की मुद्रा में खड़े होना अनिवार्य है। इसके लिए एक निश्चित शिष्टाचार या आचार-संहिता यानी प्रोटोकॉल होता है। सावधान खड़े होना, 52 सेकंड में गाना अनिवार्य है। यह देश की संप्रभुता का प्रतीक है। हमारा राष्ट्रगान है- "जन गण मन अधिनायक जय हे..." भारत के संविधान के अनुच्छेद 51ए के अनुसार, राष्ट्रगान का सम्मान करना भारत के नागरिक के मौलिक कर्तव्यों में से एक है। भारत की संसद चुनिंदा अवसरों पर राष्ट्रगान गाना अनिवार्य करने के अपने अधिकार का प्रयोग कर सकती है और उसने ऐसा किया भी है। राष्ट्रगान लगभग 52 सेकंड में गाया जाता है।

राष्ट्रगान किसी भी देश के इतिहास और संस्कृति को दर्शाता है। राष्ट्रगान का एक विशेष उच्चारण, विशिष्ट धुन और निर्धारित समय होता है जिसका पालन इसे गाने वालों को करना चाहिए। राष्ट्रगान एक संगीतमय रचना है, जो कभी-कभी देशभक्तिपूर्ण प्रकृति की होती है और किसी देश के इतिहास, परंपरा और संघर्षों को परिभाषित करती है। इसे या तो राष्ट्र की सरकार द्वारा या जनता द्वारा पारंपरिक उपयोग के माध्यम से मान्यता दी जाती है और अपनाया जाता है।

राष्ट्रगीत

राष्ट्रगीत सांस्कृतिक व ऐतिहासिक महत्व रखता है। यह भावनात्मक जुड़ाव दर्शाता है। इसके लिए राष्ट्रगान जैसी आचार-संहिता या शिष्टाचार यानी प्रोटोकॉल नहीं हैं। यह भी देशभक्ति जगाता है। हमारा राष्ट्रगीत है- "वंदे मातरम..." राष्ट्रीय गीत को संवैधानिक विशेषाधिकार प्राप्त नहीं हैं। जिनके तहत इसका सम्मान करना भारत के नागरिक का मौलिक कर्तव्य माना जाता हो। राष्ट्रगान के समान ही राष्ट्रीय गीत को भी सम्मान दिया जाता है, लेकिन किसी भी अवसर पर इसे गाना अनिवार्य नहीं है। राष्ट्रगीत गाने में लगभग 65-66 सेकंड लगते हैं।

किसी देश की आबादी कई अलग-अलग कारकों के कारण राष्ट्रीय गीत से दृढ़ता से जुड़ाव महसूस करती है। भाषा और अन्य सांस्कृतिक कारकों के आधार पर राष्ट्रीय गीत के विभिन्न रूप हो सकते हैं।

सन् 1905 से सन् 1947 तक भारत की आजादी के आंदोलन से जुड़े अनेक नेताओं ने इसे राष्ट्रीय गीत या राष्ट्रगान का दर्जा देने की वकालत की थी। बाल गंगाधर तिलक इसके बड़े समर्थक थे। उन्होंने इसे 'राष्ट्रीय प्रार्थना' कहा था। अरविंद घोष ने इसे 'मंत्र' बताया जो भारतीय आत्मा को जगाता है। रवींद्रनाथ टैगोर ने 'जन गण मन' लिखा था, लेकिन वह 'वंदे मातरम' के प्रति गहरा सम्मान रखते थे। महात्मा गांधी ने भी इसे 'राष्ट्रीय

गीत' कहा और हर सभा में गाने की परंपरा रखी। नेताजी सुभाष चंद्र बोस ने आजाद हिंद फौज के शिविरों में 'वंदे मातरम' को सैन्य सलामी के रूप में अपनाया। स्वतंत्रता संग्राम के हर चरण में यह गीत नारे की तरह गूंजा। 'वंदे मातरम' बोलने पर क्रांतिकारियों को जेल या फांसी तक दी गई। भगत सिंह, लाला लाजपत राय और बिपिन चंद्र पाल सभी इस गीत से भावनात्मक रूप से जुड़े थे। अर्थात यह सभी देशभक्त चाहते थे कि वंदे मातरम राष्ट्रीय गौरव बने।

वंदे मातरम की कुछ पंक्तियां हिंदू देवी-देवताओं से प्रेरित हैं। मौलाना अबुल कलाम आजाद जैसे मुस्लिम प्रतिनिधियों ने इसे धार्मिक भावना से जुड़ा बताकर विरोध किया।

राष्ट्रगान के चयन के समय 'वन्दे मातरम' और 'जन गण मन' दो ही रचनाओं पर विचार किया गया। इसका कारण यह था कि मुसलमानों के एक वर्ग को "वन्दे मातरम्" गाने पर आपत्ति थी क्योंकि इस गीत में देवी दुर्गा को राष्ट्र के रूप में देखा गया है। इसके अतिरिक्त उनका यह भी मानना था कि यह गीत जिस आनन्द मठ उपन्यास से लिया गया है वह मुसलमानों के खिलाफ लिखा गया है।

इन आपत्तियों पर सन् 1937 में कांग्रेस के सभी प्रमुख नेताओं ने इस विवाद पर गहन चिंतन किया। चिंतन-मनन के उपरांत पंडित जवाहरलाल नेहरू की अध्यक्षता में एक समिति का गठन किया गया जिसमें मौलाना अबुल कलाम आजाद भी शामिल थे। समिति ने पाया कि इस गीत के शुरुआती दो पद तो मातृभूमि की प्रशंसा में कहे गये हैं, लेकिन बाद के पदों में हिन्दू देवी-देवताओं का जिक्र होने लगता है। इसलिए यह निर्णय लिया गया कि इस गीत के शुरुआती दो पदों को ही राष्ट्र-गीत के रूप में प्रयुक्त किया जायेगा। इस तरह गुरुदेव रवीन्द्रनाथ ठाकुर के 'जन-गण-मन अधिनायक जय हे को' यथावत राष्ट्रगान ही रहने दिया गया और मोहम्मद इकबाल के कौमी तराने 'सारे जहाँ से अच्छा' के साथ बंकिमचंद्र चटर्जी द्वारा रचित प्रारम्भिक दो पदों का गीत वन्दे मातरम् राष्ट्रगीत स्वीकृत हुआ।

राष्ट्रीय सम्मान

संविधान सभा में 'जन गण मन' और 'वंदे मातरम' दोनों को राष्ट्रीय प्रतीकों के रूप में अपनाने पर पूर्ण सहमति हुई। इस विषय पर कोई बहस नहीं हुई। 24 जनवरी, 1950 को डॉ. राजेंद्र प्रसाद ने संविधान सभा को संबोधित करते हुए कहा-

"स्वतंत्रता आंदोलन में उनकी महत्वपूर्ण भूमिका के कारण
'वंदे मातरम' को राष्ट्रगान 'जन गण मन' के समान दर्जा दिया

जाना चाहिए और समान रूप से सम्मान दिया जाना चाहिए।"
संविधान सभा की बैठक में बोलते हुए डॉ. राजेंद्र प्रसाद ने कहा -
"एक विषय है जो चर्चा के लिए लंबित है, अर्थात् राष्ट्रगान का प्रश्न। एक समय यह सोचा गया था कि इस विषय को सदन के समक्ष लाया जाए और सदन एक प्रस्ताव के माध्यम से इस पर निर्णय ले। परन्तु यह महसूस किया गया कि प्रस्ताव के माध्यम से औपचारिक निर्णय लेने के बजाय, यह बेहतर होगा कि मैं राष्ट्रगान के संबंध में एक वक्तव्य दूं। "शब्दों व संगीत की वह रचना जिसे जन गण मन से सम्बोधित किया जाता है, भारत का राष्ट्रगान है; बदलाव के ऐसे विषय, अवसर आने पर सरकार अधिकृत करें और वन्दे मातरम् गान, जिससे कि भारतीय स्वतंत्रता संग्राम में ऐतिहासिक भूमिका निभाई है, को जन गण मन के समकक्ष सम्मान व पद मिले। मैं आशा करता हूँ कि वो सदस्यों को संतुष्ट करेगा।"

(भारतीय संविधान परिषद, द्वादश खंड, 24/1/1950)

उनके वक्तव्य को स्वीकार कर लिया गया और रवींद्रनाथ टैगोर के 'जन-गण-मन' को स्वतंत्र भारत के राष्ट्रगान के रूप में अपनाया गया और बंकिम के 'वंदे मातरम' को समान अधिकार के साथ राष्ट्र गीत के रूप में अपनाया गया।

'वन्दे मातरम्' का गायन राष्ट्रीय पर्वों जैसे स्वतंत्रता दिवस और गणतंत्र दिवस पर अनिवार्य रूप से किया जाता है। यह भारत के सम्मान और भारतीय संस्कृति का प्रतीक है। यह गीत सरकारी समारोहों, स्कूलों में ध्वजारोहण, और अन्य सार्वजनिक आयोजनों में गाया जाता है। ये एकमात्र ऐसा भारतीय गीत है जो आज भी पूरे भारत में व्यापक रूप से लोकप्रिय है और संगीतकार आज भी इसे बार-बार गाना चाहते हैं, और इसके लिए नई धुनें बनाते रहते हैं।

वन्दे मातरम का हिंदी अनुवाद

सुजलाम् सुफलाम् मलयज शीतलाम्
शस्यश्यामलाम् मातरम्।।
माँ, मैं तुम्हें प्रणाम करता हूँ!

तेरी तीव्र गति वाली बाधाओं से समृद्ध,
बगीचे की चमक से उज्ज्वल,
तेरी प्रसन्नता की हवाओं से शीतल,
लहराते अंधेरे खेत पराक्रम की माँ,
माँ मुक्त।

शुभ्रज्योत्सनाम् पुलकितयामिनीम्
पुलकुसुमिता द्रुमदल शोभिनीम्
सुहासिनीम् सुमधुर भाषिणीम्
सुखदाम् वरदाम् मातरम्।।

चाँदनी सपनों की महिमा,
तेरी शाखाओं और प्रभुमय जलधाराओं पर,
तेरे खिलते वृक्षों में लिपटी,
माँ, सहजता की दाता,
धीमी और मीठी हँसती हुई!
माँ, मैं तेरे चरण चूमता हूँ,
वक्ता मधुर और नम्र!
माँ, मैं तुम्हें प्रणाम करता हूँ।

कोटि कोटि कंठ कालका निनाद कराले
कोटि कोटि भुजेर्धृत खरकरवाले
अबला केनो माँ एतो बले
बाहुबलधारी नाम नमामि तारिणीम
रिपुदल वारीनीम मातरम्।।

किसने कहा है कि तुम अपनी धरती पर कमजोर हो,
जब सत्तर करोड़ हाथों में तलवारें फैली हों और सत्तर करोड़ आवाज़ें
किनारे से किनारे तक तुम्हारा भयानक नाम गरज रही हों?
अनेक शक्तियों के साथ, जो पराक्रमी और संचित हैं,
मैं तुम्हें माँ और भगवान पुकारता हूँ!
हालांकि जो बचाती है, उठो और बचाओ!
मैं उसे पुकारता हूँ, जिसे उसके शत्रु ने

मैदान और समुद्र से वापस खदेड़ दिया

और खुद को मुक्त कर लिया।

तुमि विद्या तुमि धर्म

तुमि हृदये तुमि मर्म त्वं हि प्राणाः शरीरे बाहुते तुमि मा शक्ति हृदये

तुमि मा भक्ति तोमार ई प्रतिमा गादी मंदिर मंदिर।।

तू बुद्धि है, तू कानून है,

तू हृदय है, तू हमारी आत्मा है, तू हमारी सांस है,

यद्यपि तू दिव्य प्रेम है, हमारे हृदय में विस्मय है

जो मृत्यु पर विजय प्राप्त करता है।

वह शक्ति तेरी है जो बाँह को घबराती है,

तेरी ही सुंदरता है, तेरा ही आकर्षण है।

हमारे मंदिरों में दिव्य बनी हर छवि आपकी ही है।

त्वं हि दुर्गा दशप्रहरणधारिणी

कमला कमलदल विहारी

वाणी विद्यादायिनी नमामि त्वाम् नमामि

कमलां अमलां अतुलाम् सुजलां सुफलाम् मातरम्।।

तुम दुर्गा हो, हे देवी और रानी,

जिनके प्रहार करने वाले हाथ और चमकती हुई तलवार हैं,

तुम कमल सिंहासन वाली लक्ष्मी हो और सौ स्वरों वाली सरस्वती हो,

अद्वितीय शुद्ध और परिपूर्ण, माता अपना ध्यान दो, हे तेरी वेगवान धाराओं से समृद्ध,

हे तेरे बागों की आभा से उजली, हे श्यामवर्णी

श्यामला सरला सुष्मिता भूषिता

धरणि भरनी मातरम्।।

हे तेरी आत्मा में, रत्नजड़ित केशो से और तेरी दिव्य महिमामय मुस्कान से,

समस्त पार्थिव देहों में सबसे मनोहर, संचित हाथों से धन की वर्षा करती हुई!

हे माँ, हे मेरी माँ!

हे मधुर माँ, मैं तुझे प्रणाम करता हूँ, हे महान और मुक्त माँ!

मौलिक वंदे मातरम गीत के पांच पद हैं। कांग्रेस ने सभी विवादों का निस्तारण करते हुए पहले दो पदों के गायन की अनुमति दी। आज भी पहले दो पदों का गायन होता है।

वंदे मातरम का भावार्थ

कवि अपनी मातृभूमि की वंदना करते हुए कहता है- "हे ! धरती मां, मैं आपको प्रणाम करता हूं।"

कवि प्राकृतिक सौंदर्य का वर्णन करते हुए अपने हृदय के उद्गार व्यक्त करता है और कहता है कि- "धरती पर स्वच्छ और निर्मल जलधाराएं नदियों के रूप में बहती है। धरा ना-ना प्रकार के फलों वाले वृक्षों से आच्छादित है। यहां चंदन की सुगंध से युक्त हवाएं चलती हैं और इस धरती पर चारों ओर फैले हुए सघन दानों की वजह से यह काली दिखाई देती है। ऐसी धरती माता को मैं प्रणाम करता हूं।"

प्राकृतिक सौंदर्य का वर्णन करने के बाद कवि खगोलीय सौंदर्य यानी अपनी धरती मां पर फैले अंतरिक्ष की छटा का भी अति सुंदर शब्दों में वर्णन करते हुए कहता है कि- "यहां रात्रि में सफेद चांदनी छिटक कर पुलकित होती है। यानी जिस चांदनी की उपस्थिति में यहां के लोग प्रफुल्लित होते हैं। यहां खिले हुए फूल और घने पत्तों वाले वृक्ष शोभायमान होते हैं। यह सुंदर हंसी युक्त और मधुर वाणी बोलने वाली है। सदैव सुख देने वाली और वर देने वाली माता, मैं आपको प्रणाम करता हूं।"

कवि मन माता के एक अन्य रूप की वंदना करते हुए कहता है- "यहां निवास करने वाले हजारों-लाखों कंठ कभी प्रसन्नतापूर्वक शांत नदी की धारा के समान कल-कल करते हैं और कभी-कभी चंडी का विकराल रूप धारण कर गरजते हैं। जिसकी दोगुनी भुजाएं हैं, अर्थात चौदह करोड़ भुजाएं धारदार तलवार धारण किए हुए हैं। ऐसी माता को कौन कहता है कि तुम अबला हो। अपार बल धारण करने वाली माता मैं आपको प्रणाम करता हूं। आप सभी दुखों से मुक्ति देने वाली हैं, शत्रुओं के समूह से लड़ने की शक्ति देने वाली हैं। माता मैं आपको प्रणाम करता हूं।"

मां के अनेक रूप हैं। कवि एक-एक करके उनके सभी स्वरूपों की आराधना करना चाहता है। विद्या और धर्म-संस्कार के विषय को कवि कुछ इस तरह से व्यक्त करता है- "मां तुम ही विद्या हो। क्योंकि मां ही सबसे पहले अपने बच्चों को अक्सर ज्ञान देती है। मां ही बोलना सिखाती है। इतना ही नहीं मां अपने बच्चे की अंगुली पकड़कर चलना भी सिखाती है।

माँ ही धर्म है। हर घर-परिवार में माँ ही धार्मिक कर्मकांड की जानकार होती है। धार्मिक अनुष्ठानों की साक्षी होती है। इसलिए नारी को संस्कार वाहिनी कहा जाता है।

कर्म भी तुम हो। यानी, मां तुम प्रेरणादाई हो। तुम ही कामकाज का मार्ग प्रशस्त करती हो।

मां तुम ही शरीर में प्राण हो। हे ! मां तुम ही भुजाओं की शक्ति हो, ताकत हो। तुम ही हृदय की भक्ति हो।"

संसार में मां भगवान के समान है और ईश्वर की भक्ति करने के लिए देवालयों या मंदिरों के निर्माण की परंपरा प्रचलन में है। कवि माता के अलग-अलग स्वरूपों की पूजा अर्चना करते हुए कहता है कि- "मां तुम्हारी प्रतिमा हर मंदिर में विराजमान है। शोभायमान है। तुम ही दुर्गा हो, जिसकी दसों भुजाएं शास्त्र धारण किए हुए हैं।

तुम ही कमल दल पर विराजमान होने वाली लक्ष्मी मां हो।

तुम ही विद्या का दान करने वाली मां सरस्वती हो। मैं आपको नमस्कार करता हूं।"

और अंत में एक बार फिर से कवि धरती पर प्राकृतिक संपदाओं को स्मरण करते हुए कहता है कि- "लक्ष्मी के समान, स्वच्छ, अतुलनीय बल धारण करने वाली माता आपको प्रणाम है। यहां स्वच्छ जल युक्त नदियां बहती हैं, यह फलदार वृक्षों से आच्छादित है, हे माता! आपको नमस्कार करता हूं। सघन धान युक्त श्यामला धरती की, सरल, सुखद मुस्कान युक्त आभूषण से सुसज्जित, सभी को धारण करने वाली, सभी का भरण-पोषण करने वाली माता, मैं आपको प्रणाम करता हूं। हे धरती माता! आपको मैं प्रणाम करता हूं।"

कवि बंकिमचंद्र चटर्जी ने धरती माता की जिस तरह से वंदना की है, वह अतुलनीय है। यह हमारी प्राचीन परंपरा रही है कि हमारे पूर्वजों ने धरती, पेड़, अंतरिक्ष आदि से मानवीय संबंध जोड़े हैं। उन्हीं संबंधों को पुनः स्मरण करते हुए एक उत्कृष्ट रचना की थी कवि बंकिमचंद्र चटर्जी ने।

अनुवाद

'वंदे मातरम' गीत का अनेक भारतीय भाषाओं में अनुवाद किया गया है। जिनमें मुख्य रूप से तमिल, तेलुगु, कन्नड़, ओडिया, मलयालम, असमिया, हिंदी, मराठी, गुजराती, पंजाबी और उर्दू शामिल हैं।

गद्य अनुवाद

श्री अरविंद ने 20 नवंबर, 1909 को 'कर्मयोगिनी' में इसका गद्य में अनुवाद किया।

अंग्रेजी अनुवाद

'वंदे मातरम' का पहला अंग्रेजी अनुवाद अरविंद घोष ने सन् 1909 में किया था। इसके बाद प्रसिद्ध बंगाली लेखक नरेश चंद्र सेनगुप्ता जिन्होंने 20 वीं शताब्दी के आरम्भ में 'आनंदमठ' का अंग्रेजी में अनुवाद किया उन्होंने साफ़ लिखा कि इस गीत को पढ़ने के बाद यह जानकर दुख होता है कि बंकिम बांग्ला राष्ट्रवाद से इतने ग्रस्त थे कि उन्हें भारतीय राष्ट्रवाद की परवाह नहीं थी।

उर्दू अनुवाद

आरिफ मोहम्मद खान ने 'वंदे मातरम' का उर्दू में अनुवाद किया था।

तमिल अनुवाद

महाकवि सुब्रह्मण्य भारती ने इसका तमिल में अनुवाद किया। इसके बाद उनके लिए यह गीत जीवन मंत्र बन गया था।

महर्षि अरविन्द द्वारा किए गए अंग्रेजी गद्य-अनुवाद का हिन्दी-अनुवाद इस प्रकार है -

मैं आपके सामने नतमस्तक होता हूं। ओ माता!
पानी से सींची, फलों से भरी,
दक्षिण की वायु के साथ शांत,
कटाई की फसलों के साथ गहरी,
माता!
उसकी रातें चांदनी की गरिमा में प्रफुल्लित हो रही हैं,
उसकी जमीन खिलते फूलों वाले वृक्षों से बहुत सुन्दर ढकी हुई है,
हँसी की मिठास, वाणी की मिठास,
माता! वरदान देने वाली, आनन्द देने वाली।

अवधि

वंदे मातरम् का गायन आमतौर पर लगभग 2 से 3 मिनट के बीच होता है। इसका संगीत सरल है। अत्यधिक भावनात्मक और प्रेरणादायक है। यह गीत रवींद्रनाथ ठाकुर द्वारा संगीतबद्ध किया गया था। इसका पहला संस्करण भारत के स्वतंत्रता संग्राम के समय में गाया गया था। यदि पूरा गीत गाया जाए तो यह लगभग 5 मिनट तक बढ़ सकता है।

आलोचनाओं और आलोचकों का आधार आधारहीन होता है। आमतौर पर यह देखा गया है कि अनेक विद्वान केवल विरोध करने के मकसद से विरोध करते हैं। उनके विरोध का कोई आधार नहीं होता क्योंकि ऐसे आलोचक बिना मौलिक तत्वों को समझें केवल विरोध के लिए विरोध करते हैं।

आलोचकों के एक वर्ग का कहना है कि वंदे मातरम गीत को समुचित सम्मान नहीं दिया गया। ऐसे आलोचक यह भूल जाते हैं कि वंदे मातरम को राष्ट्रगीत का दर्जा देना ही सर्वश्रेष्ठ सम्मान है। राष्ट्र गान की एक समय सीमा होती है। राष्ट्रगान हो या राष्ट्र गीत कम अवधि का श्रेष्ठ होता है। जब सारी दुनिया में राष्ट्रगान की परंपरा शुरू हुई तब आज की भांति दुनिया की गति इतनी तीव्र नहीं थी। तब लोगों के पास समय था। फिर भी राष्ट्रगान को कम अवधि का ही रखा गया।

संपूर्ण विश्व में देशभक्ति गीतों को आधिकारिक तौर पर राष्ट्रगान के रूप में अपनाने की प्रथा 19 वीं शताब्दी में शुरू हुई। उस समय किसी देश की अधिकांश आबादी द्वारा व्यापक रूप से ज्ञात और गाए जाने वाले राष्ट्रीय गीतों को कभी-कभी राष्ट्रगान के रूप में अपनाया जाता था। इसका एक उदाहरण है फ्रांस का राष्ट्रगान- "ला मार्सिलेज़।" इसे क्लाउड जोसेफ रूजेट डी लिस्ले ने सन् 1792 में लिखा था। इस राष्ट्रगान ने फ्रांसीसी क्रांति को नयी दिशा प्रदान की।

वर्तमान विश्व में सबसे लंबा राष्ट्रगान उरुग्वे का है। जिसे पूरा गाने में लगभग 6 मिनट लगते हैं। ग्रीस का राष्ट्र गान 158 छंदों का है। लेकिन उसका छोटा संस्करण गाया जाता है।

भारत का राष्ट्र गान "जन गण मन" है, जिसे लगभग 52 सेकंड में गाया जाता है।

स्वतंत्रता उपरांत वंदे मातरम

आकाशवाणी के प्रथम प्रसारण की सबसे बड़ी विशेषता यह थी कि गंगूबाई हंगल, भीमसेन जोशी जैसे महान कलाकारों के सामूहिक 'वंदे मातरम' गायन से देश में आकाशवाणी के प्रसारण का शुभारंभ हुआ था। इसके उपरांत देश के सभी आकाशवाणी केंद्रों ने इस परंपरा का निर्वहन करते हुए प्रतिदिन का शुभारंभ वंदे मातरम गायन से ही किया। यह परंपरा आज भी सुरक्षित और संरक्षित है। दूसरे शब्दों में कहें तो सन् 1950 से आकाशवाणी का शुभारंभ वंदे मातरम गीत से शुरुआत होती है। पहले भी और वर्तमान में भी प्रत्येक शास्त्रीय गायक आकाशवाणी से 'वंदे मातरम' का गायन प्रस्तुत करने में अपना सौभाग्य समझता है। कहते हैं कि किसी भी शास्त्रीय गायक जब तक आकाशवाणी से 'वंदे मातरम' प्रस्तुत नहीं कर लेता तब तक वह अपने आप को गायन में पारंगत महसूस

नहीं करता। यही कारण है कि समय-समय पर अनेक गायकों ने अलग-अलग रागों में आकाशवाणी से 'वंदे मातरम' का गायन किया।

पंडित वी.डी. पलुस्कर ने सन् 1923 में कांग्रेस सत्र में राग काफ़ी पर आधारित 'वंदे मातरम' का गायन किया था जिसका लोकप्रिय संस्करण बाद में ऑल इंडिया रेडियो पर बजाया गया।

समय-समय पर आकाशवाणी से पंडित ओंकारनाथ ठाकुर, हीराबाई बड़ोदकर, लता मंगेशकर, साधना सरगम, सुखविंदर सिंह, ने विभिन्न गायन शैलियों में वंदे मातरम प्रस्तुत किया।

दिल्ली लाल किला और वंदे मातरम

ऐसा उल्लेख मिलता है कि 15 अगस्त, 1947 को भारत की आजादी के दिन सरदार वल्लभ भाई पटेल के आग्रह पर पंडित ओंकारनाथ ठाकुर ने लाल किले के पास ऑल इंडिया रेडियो (आकाशवाणी) से अपनी सुरीली आवाज में सुबह 6:30 बजे वंदे मातरम का गायन किया था। जिससे पूरा देश भावुक हो गया था।

संसद का विशेष सत्र

आजादी की पचासवीं वर्षगांठ पर संसद का एक विशेष सत्र बुलाया गया था। जब पंडित भीमसेन जोशी ने तबले और हारमोनियम पर बेहतरीन संगत के साथ शास्त्रीय संगीत समारोह की शैली में दो मिनट से ज़्यादा समय तक इसे गाया।

14 अगस्त, 1998 को पंडित जसराज ने उसी स्थान पर वंदे मातरम बिना किसी वाद्य यंत्र के गाया जिस स्थान पर पंडित भीमसेन जोशी ने संसद के विशेष सत्र में गाया था।

गायन

बंगाल के हुगली जिले के एस जे गोपाल चंद्र धर ने इसे 1876 में राग देश मल्हार में गाया था। इसे यदुनाथ भट्टाचार्य द्वारा संगीतबद्ध किया गया था।

पश्चिमी धुनों के विशेषज्ञ श्री दखिना चरण सेन ने सन् 1901 में कलकत्ता कांग्रेस में यह गीत गाया था।

भारत की पहली रिकॉर्डिंग कलाकार गौहर जान की शिष्या और एक प्रसिद्ध कलाकार, इंदु बाला, ऑल इंडिया रेडियो के लिए गाने वाली शुरुआती कलाकारों में से एक मानी जाती हैं। उन्होंने सन् 1927 में कलकत्ता में प्रसारण के दूसरे दिन प्रस्तुति दी थी।

इंदु बाला की लोकप्रियता आसमान छूती गई और उन्हें पूरे भारत से संगीत कार्यक्रमों के निमंत्रण मिलने लगे। अपने करियर में, इंदु बाला ने लगभग 280 गाने रिकॉर्ड किए, जिनमें शास्त्रीय संगीत, रंगमंच, बंगाली और हिंदी सिनेमा के गाने और कई देशभक्ति की धुनें शामिल थीं।

सन् 1947 में बंगाल और महाराष्ट्र के संगीतकार और गायक आश्वस्त थे कि यह स्वतंत्र भारत का राष्ट्रगान बनेगा। उन्होंने इस गीत के लिए कई धुनें तैयार की। इन अग्रदूतों में मास्टर कृष्णराव फुलंब्रीकर और श्री वीडी अंभईकर थे। हमारी आजादी से पहले भी मास्टर कृष्णराव फुलंब्रीकर ने 1935 के आसपास एक ग्रामोफोन रिकॉर्ड बनाया था। अपने कार्यक्रम के अंत में प्रतिबंधित गीत गाने के तुरंत बाद उनका रेडियो प्रसारण बाधित हो गया। उन्होंने तब सभी रेडियो कार्यक्रमों का बहिष्कार किया। उन्होंने ग्रामोफोन रिकॉर्ड के माध्यम से और अपने संगीत समारोहों में इसे गाकर अपनी धुनों को लोकप्रिय बनाया। आजादी के बाद उन्हें ऑल इंडिया रेडियो पर गाने के लिए आमंत्रित किया गया और उन्होंने वंदे मातरम गाकर अपने कार्यक्रम की शुरुआत की। 1948 में, जब उन्हें पता चला कि पंडित नेहरू गीत के संगीत के खिलाफ थे उन्होंने इस गीत के कई वैकल्पिक संस्करण तैयार किए, जिन्हें एकल, कोरस, मार्चिंग गीत के रूप में, संगत के साथ और बिना संगत के गाया गया। ये रिकॉर्डिंग संविधान समिति के सदस्यों को सुनाई गई।

24 जनवरी, 1950 को वंदे मातरम को राष्ट्रगीत घोषित होते ही नई धुनें उपलब्ध कराने के सभी प्रयास समाप्त हो गए और उस समय तक की रिकॉर्डिंग अब एक महत्वपूर्ण दस्तावेज़ और हमारी सांस्कृतिक विरासत का हिस्सा बन गई है।

स्वतंत्र भारत अनेक गायकों ने राष्ट्रीय गीत को आवाज दी। एम एस सुब्बुलक्ष्मी और डी के रॉय के साथ-साथ प्रतिष्ठित जयपुर घराने की गायिका मोगुबाई कुर्डीकर का नाम प्रमुख है।

भारत के प्रसिद्ध संगीतकारों पंडित विष्णु दिगंबर पलुस्कर, पंडित ओंकारनाथ ठाकुर, विष्णुपंत पगनिस, केशवराव भोले, देश दास, सत्य भूषण गुप्ता, दिलीप कुमार रॉय, भवानी चरण दास, हेमचन्द्र सेन, हरेंद्रनाथ दत्त, जीएम दुर्रानी, वसंत देसाई, मोगुबाई कुर्दिकर, गीता दत्त, डी वसंता, डी विमला और एमएस सुब्बुलक्ष्मी, सूरसागर जगमोहन, कमल दासगुप्ता, पंकज मलिक, अनादि दस्तीदार, राजन सरकार की वंदे मातरम की रिकॉर्डिंग उपलब्ध है।

भारतीय गायकों शायद ही कोई गायक और गायिकाएं होंगी जिन्होंने वंदे मातरम गीत न गाया हो।

अल्लाह रक्खा रहमान यानी ए आर रहमान

ऐसा कहा जाता है कि सन् 1997 में जब ए एस दिलीप कुमार उर्फ ए आर रहमान स्क्रीन पुरस्कार समारोह में भाग लेने के लिए मुंबई गए थे तब उनकी मुलाकात उनके बचपन के दोस्त भरत बाला से हुई। इस बैठक के दौरान दोनों ने 1997 में भारतीय स्वतंत्रता के 50 वर्षों के उपलक्ष्य में एक एल्बम के प्रस्ताव पर चर्चा की थी।

विश्व प्रसिद्ध गीतों की सूची में

अपनी 70वीं वर्षगांठ के उपलक्ष्य में सन् 2002 में बी बी सी ने दुनिया के सभी राष्ट्रगान का एक सर्वेक्षण किया था। 155 देशों के लाखों संगीत प्रेमियों ने इस सर्वेक्षण में भाग लिया। सर्वेक्षण का परिणाम 21 दिसंबर, 2002 को घोषित किया गया। आयरिश राष्ट्रगान "ए नेशन वन्स अगेन" इस सूची में शीर्ष पर रहा। "वंदे मातरम" को दुनिया के शीर्ष दस सबसे प्रसिद्ध गीतों में दूसरा स्थान प्राप्त हुआ।

वंदे मातरम पर प्रधानमंत्री के संबोधन का मूल पाठ

7 नवंबर, 2025

वंदे मातरम!

वंदे मातरम!

वंदे मातरम!

वंदे मातरम, ये शब्द एक मंत्र है, एक ऊर्जा है, एक स्वप्न है, एक संकल्प है। वंदे मातरम, ये एक शब्द मां भारती की साधना है, मां भारती की आराधना है। वंदे मातरम, ये एक शब्द हमें इतिहास में ले जाता है। ये हमारे आत्मविश्वास को, हमारे वर्तमान को, आत्मविश्वास से भर देता है, और हमारे भविष्य को ये नया हौसला देता है कि ऐसा कोई संकल्प नहीं, ऐसा कोई संकल्प नहीं जिसकी सिद्धि न हो सके। ऐसा कोई लक्ष्य नहीं, जो हम भारतवासी पा ना सके।

साथियों,

वंदे मातरम के सामूहिक गान का ये अद्भुत अनुभव, ये वाकई अभिव्यक्ति से परे है। इतनी सारी आवाजों में एक लय, एक स्वर, एक भाव, एक जैसा रोमांच, एक जैसा प्रवाह, ऐसा तारतम्य, ऐसी तरंग, इस ऊर्जा ने हृदय को स्पंदित कर दिया है। भावनाओं से भरे इसी

माहौल में, मैं अपनी बात को आगे बढ़ा रहा हूं। मंच पर उपस्थित कैबिनेट के मेरे सहयोगी गजेंद्र सिंह शेखावत, दिल्ली के उपराज्यपाल वी. के. सक्सेना, मुख्यमंत्री रेखा गुप्ता जी, अन्य सभी महानुभाव, भाइयों और बहनों।

आज हमारे साथ देश के सभी कोने से लाखों लोग जुड़े हुए हैं, मैं उनको भी मेरी तरफ से वंदे मातरम से शुभकामनाएं देता हूं। आज 7 नवंबर का दिन बहुत ऐतिहासिक है, आज हम वंदे मातरम के 150 वें वर्ष का महाउत्सव मना रहे हैं। ये पुण्य अवसर हमें नई प्रेरणा देगा, कोटि-कोटि देशवासियों को नई ऊर्जा से भर देगा। इस दिन को इतिहास की तारीख में अंकित करने के लिए आज वंदे मातरम पर एक विशेष कॉइन और डाक टिकट भी जारी किए गए हैं। मैं देश के लक्ष्यवदी महापुरुषों को, मां भारती के संतानों को वंदे मातरम, इस मंत्र के लिए जीवन खपाने के लिए आज श्रद्धापूर्वक नमन करता हूं, और देशवासियों को इस अवसर पर बहुत-बहुत बधाई देता हूं। मैं सभी देशवासियों को वंदे मातरम के 150 वर्ष पूरे होने पर बहुत-बहुत शुभकामनाएं भी देता हूं।

साथियों,

हर गीत, हर काव्य का अपना एक मूल भाव होता है, उसका अपना एक मूल संदेश होता है। वंदे मातरम का मूल भाव क्या है? वंदे मातरम का मूल भाव है- भारत, मां भारती। भारत की शाश्वत संकल्पना, वो संकल्पना जिसने मानवता के प्रथम पहर से खुद को गढ़ना शुरू कर दिया। जिसने युगों-युगों को एक-एक अध्याय के रूप में पढ़ा। अलग-अलग दौर में अलग-अलग राष्ट्रों का निर्माण, अलग-अलग ताकतों का उदय, नई-नई सभ्यताओं का विकास, शून्य से शिखर तक उनकी यात्रा और शिखर से पुनः शून्य में उनका विलय, बनता बिगड़ता इतिहास, दुनिया का बदलता भूगोल, भारत ने ये सब कुछ देखा है। इंसान की इस अनंत यात्रा से हमने सीखा और समय-समय पर नए निष्कर्ष निकाले। हमने उनके आधार पर अपनी सभ्यता के मूल्यों और आदर्शों को तराशा, उसे गढ़ा। हमने, हमारे पूर्वजों ने, हमारे ऋषियों ने, मुनियों ने, हमारे आचार्यों ने, भगवंतों ने, हमारे देशवासियों ने अपनी एक सांस्कृतिक पहचान बनाई। हमने ताकत और नैतिकता के संतुलन को बराबर समझा। और तब जाकर, भारत एक राष्ट्र के रूप में वो कुन्दन बनकर उभरा जो अतीत की हर चोट सहता भी रहा और सहकर भी अमरत्व को प्राप्त कर गया।

भाइयों-बहनों,

भारत की ये संकल्पना, उसके पीछे की वैचारिक शक्ति है। उठती-गिरती दुनिया से अलग अपना स्वतंत्र अस्तित्व बोध, ये उपलब्धि, और लयबद्ध, लिपिबद्ध होना, लयबद्ध होना, और तब जाकर के ह्दय की गहराई से, अनुभवों के निचोड़ से, संवेदनाओं की

असीमता को प्राप्त कर करके वंदे मातरम जैसी रचना मिलती है। और इसलिए, गुलामी के उस कालखंड में वंदे मातरम इस संकल्प का उद्घोष बन गया था, और वो उद्घोष था- भारत की आज़ादी का। माँ भारती के हाथों से गुलामी की बेड़ियाँ टूटेंगी, और उसकी संताने स्वयं अपने भाग्य की भाग्य विधाता बनेंगी।

साथियों,

गुरुदेव रवीन्द्रनाथ ठाकुर ने एक बार कहा था- "बंकिमचंद्र की आनंदमठ केवल उपन्यास नहीं है, ये स्वाधीन भारत का एक स्वप्न है।" आप देखिए, आनंदमठ में वंदे मातरम का प्रसंग, वंदे मातरम की एक-एक पंक्ति के, बंकिम बाबू के एक-एक शब्द के, उसके हर भाव के, अपने गहरे निहितार्थ थे, निहितार्थ हैं। ये गीत गुलामी के कालखंड में रचना तो जरूर हो गई उस समय, लेकिन उसके शब्द कुछ वर्षों की गुलामी के साये में कभी भी कैद नहीं रहें। वो गुलामी की स्मृतियों से आज़ाद रहें। इसलिए, वंदे मातरम हर दौर में, हर कालखंड में प्रासंगिक है, इसने अमरता को प्राप्त किया है। वंदे मातरम की पहली पंक्ति है- "सुजलाम् सुफलाम् मलयज-शीतलाम्, सस्यश्यामलाम् मातरम्।" अर्थात्, प्रकृति के दिव्य वरदान से सुशोभित हमारी सुजलाम् सुफलाम् मातृभूमि को नमन।

साथियों,

यही तो भारत की हजारों साल पुरानी पहचान रही है। यहाँ की नदियां, यहाँ के पहाड़, यहाँ के वन, वृक्ष और यहां की उपजाऊ मिट्टी, ये धरती हमेशा सोना उगलने की ताकत रखती है। सदियों तक दुनिया भारत की समृद्धि की कहानियाँ सुनती रही थी। कुछ ही शताब्दी पहले तक, ग्लोबल GDP का करीब एक चौथाई हिस्सा भारत के पास था।

लेकिन भाइयों-बहनों,

जब बंकिम बाबू ने वंदे मातरम की रचना की थी, तब भारत अपने उस स्वर्णिम दौर से बहुत दूर जा चुका था। विदेशी आक्रमणकारियों ने, उनके हमले, लूटपाट अंग्रेजों की शोषणकारी नीतियां, उस समय हमारा देश गरीबी और भुखमरी के चंगुल में कराह रहा था। तब भी, बंकिम बाबू ने, उस बुरे हालात के स्थितियों में भी, चारों तरफ दर्द था, विनाश था, शोक था, सब कुछ डूबता हुआ नजर आ रहा था, ऐसे समय बंकिम बाबू ने समृद्ध भारत का आह्वान किया। क्योंकि, उन्हें विश्वास था कि मुश्किलें कितनी भी क्यों ना हों, भारत अपने स्वर्णिम दौर को पुनर्जीवित कर सकता है। और इसलिए उन्होंने आह्वान किया, वंदे मातरम।

साथियों,

गुलामी के उस कालखंड में भारत को नीचा और पिछड़ा बताकर जिस तरह अंग्रेज़

अपनी हुकूमत को जस्टीकार्य करते थे, इस प्रथम पंक्ति ने उस दुष्प्रचार को पूरी तरह से ध्वस्त करने का काम किया। इसलिए, वंदे मातरम केवल आज़ादी का गान ही नहीं बना, बल्कि आज़ाद भारत कैसा होगा, वंदे मातरम ने वो 'सुजलाम सुफलाम सपना' भी करोड़ों देशवासियों के सामने प्रस्तुत किया।

साथियों,

आज ये दिन हमें वंदे मातरम की असाधारण यात्रा और उसके प्रभाव को जानने का अवसर भी देता है। जब सन् 1875 में बंकिम बाबू ने बंगदर्शन में "वंदे मातरम्" प्रकाशित किया था, तो कुछ लोगों को लगता था कि ये तो केवल एक गीत है। लेकिन, देखते ही देखते वंदे मातरम भारत के स्वतंत्रता संग्राम का, कोटि-कोटि जनों का स्वर बन गया। एक ऐसा स्वर, जो हर क्रांतिकारी की जबान पर था, एक ऐसा स्वर, जो हर भारतीय की भावनाओं को व्यक्त कर रहा था। आप देखिए, आज़ादी की लड़ाई का शायद ही ऐसा कोई अध्याय होगा, जिससे वंदे मातरम किसी न किसी रूप से जुड़ा नहीं था। 1896 में गुरुदेव रवीन्द्रनाथ ठाकुर ने कलकत्ता अधिवेशन में वंदे मातरम गाया। 1905 में बंगाल का विभाजन हुआ। ये देश को बांटने का अंग्रेजों का एक खतरनाक एक्सपेरिमेंट था। लेकिन, वंदे मातरम उन मंसूबों के आगे चट्टान बनकर के खड़ा हो गया। बंगाल के विभाजन के विरोध में सड़कों पर एक ही आवाज़ थी- वंदे मातरम।

साथियों,

बरिसाल अधिवेशन में जब आंदोलनकारियों पर गोलियां चलीं, तब भी उनके होंठों पर वही मंत्र था, वह शब्द थे- वंदे मातरम! भारत के बाहर रहकर आज़ादी के लिए काम कर रहे वीर सावरकर जैसे स्वतंत्र सेनानी, वो जब आपस में मिलते थे, तो उनका अभिवादन वंदे मातरम से ही होता था। कितने ही क्रांतिकारियों ने फांसी के तख्त पर खड़े होकर भी वंदे मातरम बोला था। ऐसी कितनी ही घटनाएँ, इतिहास की कितनी ही तारीखें, इतना बड़ा देश, अलग-अलग प्रांत और इलाके, अलग-अलग भाषा बोलने वाले लोग, उनके आंदोलन, लेकिन जो नारा, जो संकल्प, जो गीत हर जबान पर था, जो गीत हर स्वर में था, वो था- वंदे मातरम।

इसलिए, भाइयों-बहनों,

1927 में महात्मा गांधी ने कहा था- "वंदे मातरम हमारे सामने संपूर्ण भारत का ऐसा चित्र उपस्थित कर देता है, जो अखंड है।" श्री अरबिंदो ने वंदे मातरम को एक गीत से भी आगे, उसे एक मंत्र कहा था। उन्होंने कहा- ये एक ऐसा मंत्र है जो आत्मबल जगाता है।

भीकाजी कामा ने भारत का जो ध्वज तैयार करवाया था, उसमें बीच में भी लिखा था- "वंदे मातरम"

साथियों,

हमारा राष्ट्र ध्वज समय के साथ कई बदलावों से गुजरा, लेकिन तब से लेकर आज तक हमारे तिरंगे तक, देश का झंडा जब भी फहराता है, तो हमारे मुंह से अनायास निकला है- भारत माता की जय! वंदे मातरम! इसलिए, आज जब हम उस राष्ट्रगीत के 150 वर्ष मना रहे हैं, तो ये देश के महान नायकों के प्रति हमारी श्रद्धांजलि है। और ये उन लाखों बलिदानियों को भी श्रद्धापूर्वक नमन है, जो वंदे मातरम का आह्वान करते हुए, फांसी के तख्त पर झूलते हुए, जो वंदे मातरम बोलते हुए, कोड़ों की मार सहते रहे, जो वंदे मातरम का मंत्र जपते हुए बर्फ की सिल्लियों पर अडिग रहे।

साथियों,

आज हम 140 करोड़ देशवासी ऐसे सभी नाम-अनाम-गुमनाम राष्ट्र के लिए जीने-मरने वालों को श्रद्धांजलि देते हैं। जो वंदे मातरम कहते हुए देश के लिए बलिदान हो गए, जिनके नाम इतिहास के पन्नों में कभी दर्ज ही नहीं हो पाए।

साथियों,

हमारे वेदों ने हमें सिखाया है- "माता भूमिः, पुत्रोऽहं पृथिव्याः"॥ अर्थात्, ये धरती हमारी माँ है, ये देश हमारी माँ है। हम इसी की संतानें हैं। भारत के लोगों ने वैदिक काल से ही राष्ट्र की इसी स्वरूप में कल्पना की, इसी स्वरूप में आराधना की है। इसी वैदिक चिंतन से वंदे मातरम ने आज़ादी की लड़ाई में नई चेतना फूंकी।

साथियों,

राष्ट्र को एक geopolitical entity मानने वालों के लिए राष्ट्र को माँ मानने का विचार हैरानी भरा हो सकता है। लेकिन, भारत अलग है। भारत में माँ जननी भी है, और माँ पालनहारिणी भी है। अगर संतान पर संकट आ जाए, तो माँ संहारकारिणी भी है। इसलिए, वंदे मातरम कहता है- अबला केन मा एत बले। बहुबल-धारिणीं नमामि तारिणीं रिपुदल-वारिणीं मातरम्॥ वंदे मातरम, अर्थात् अपार शक्ति धारण करने वाली भारत माँ, संकटों से पार भी कराने वाली, और शत्रुओं का विनाश भी कराने वाली है। राष्ट्र को माँ, और माँ को शक्ति स्वरूपा नारी मानने का ये विचार, इसका एक प्रभाव ये भी हुआ कि हमारा स्वतन्त्रता संग्राम, स्त्री-पुरुष, सबकी भागीदारी का संकल्प बन गया। हम फिर से ऐसे भारत का सपना देख पाये, जिसमें महिलाशक्ति राष्ट्र निर्माण में सबसे आगे खड़ी दिखाई देगी।

साथियों,

वंदे मातरम, आज़ादी के परवानों का तराना होने के साथ ही, इस बात की भी प्रेरणा देता है कि हमें इस आज़ादी की रक्षा कैसे करनी है, बंकिम बाबू के पूरे मूल गीत की पंक्तियाँ हैं- त्वम् हि दुर्गा दशप्रहरण-धारिणी कमला कमल-दल-विहारिणी वाणी विद्यादायिनी, नमामि त्वाम् नमामि कमलाम् अमलां अतुलाम् सुजलां सुफलाम् मातरम्, वंदेमातरम! अर्थात्, भारत माता विद्यादायिनी सरस्वती भी है, समृद्धि दायिनी लक्ष्मी भी हैं, और अस्त्र-शस्त्रों को धारण करने वाली दुर्गा भी हैं। हमें ऐसे ही राष्ट्र का निर्माण करना है, जो ज्ञान, विज्ञान और टेक्नोलॉजी में शीर्ष पर हो, जो विद्या और विज्ञान की ताकत से समृद्धि के शीर्ष पर हो, और जो राष्ट्रीय सुरक्षा के लिए आत्मनिर्भर भी हो।

साथियों,

बीते वर्षों में दुनिया भारत के इसी स्वरूप का उदय देख रही है। हमने विज्ञान और टेक्नोलॉजी की फील्ड में अभूतपूर्व प्रगति की। हम दुनिया की पांचवी बड़ी अर्थव्यवस्था बनकर उभरे। और, जब दुश्मन ने आतंकवाद के जरिए भारत की सुरक्षा और सम्मान पर हमला करने का दुस्साहस किया, तो पूरी दुनिया ने देखा, नया भारत मानवता की सेवा के लिए अगर कमला और विमला का स्वरूप है, तो आतंक के विनाश के लिए 'दश प्रहरण-धारिणी दुर्गा' भी बनना जानता है।

साथियों,

वंदे मातरम से जुड़ा एक और विषय है, जिसकी चर्चा करना उतना ही आवश्यक है। आज़ादी की लड़ाई में वंदे मातरम की भावना ने पूरे राष्ट्र को प्रकाशित किया था। लेकिन दुर्भाग्य से, 1937 में वंदे मातरम के महत्वपूर्ण पदों को, उसकी आत्मा के एक हिस्से को अलग कर दिया गया था। वंदे मातरम को तोड़ दिया गया था, उसके टुकड़े किए गए थे। वंदे मातरम के इस विभाजन ने देश के विभाजन के बीज भी बो दिये थे। राष्ट्र निर्माण का ये महामंत्र, इसके साथ ये अन्याय क्यों हुआ? ये आज की पीढ़ी को भी जानना जरूरी है। क्योंकि वही विभाजनकारी सोच देश के लिए आज भी चुनौती बनी हुई है।

साथियों,

हमें इस सदी को भारत की सदी बनाना है। ये सामर्थ्य भारत में है, ये सामर्थ्य भारत के 140 करोड़ लोगों में है। हमें इसके लिए खुद पर विश्वास करना होगा। इस संकल्प यात्रा में हमें पथ भ्रमित करने वाले भी मिलेंगे, नकारात्मक सोच वाले लोग हमारे मन में शंका-संदेह पैदा करने का प्रयास भी करेंगे। तब हमें आनंदमठ का वो प्रसंग याद करना है, आनंदमठ में

जब संतान भवानंद वंदे मातरम गाता है, तो एक दूसरा पात्र तर्क-वितर्क करता है। वह पूछता है कि तुम अकेले क्या कर पाओगे? तब वंदे मातरम से प्रेरणा मिलती है, जिस माता के इतने करोड़ पुत्र-पुत्री हों, उसके करोड़ों हाथ हों, वो माता अबला कैसे हो सकती है? आज तो भारत माता की 140 करोड़ संतान हैं। उसके 280 करोड़ भुजाएं हैं। इनमें से 60 प्रतिशत से भी ज्यादा तो नौजवान हैं। दुनिया का सबसे बड़ा डेमोग्राफिक एडवांटेज हमारे पास है। ये सामर्थ्य इस देश का है, ये सामर्थ्य माँ भारती का है। ऐसा क्या है, जो आज हमारे लिए असंभव है? ऐसा क्या है, जो हमें वंदे मातरम के मूल सपने को पूरा करने से रोक सकता है?

साथियों,

आज आत्मनिर्भर भारत के विज़न की सफलता, मेक इन इंडिया का संकल्प, और 2047 में विकसित भारत के लक्ष्य की ओर बढ़ते हमारे कदम, देश जब ऐसे अभूतपूर्व समय में नई उपलब्धियां हासिल करता है, तो हर देशवासी के मुंह से निकलता है- वंदे मातरम! आज जब भारत चंद्रमा के साउथ पोल पर पहुंचने वाला पहला देश बनता है, जब नए भारत की आहट अंतरिक्ष के सुदूर कोने तक सुनाई देती है, तो हर देशवासी कह उठता है- वंदे मातरम! आज जब हम हमारी बेटियों को स्पेस टेक्नोलॉजी से लेकर स्पोर्ट्स तक में शिखर पर पहुँचते देखते हैं, आज जब हम बेटियों को फाइटर जेट उड़ाते देखते हैं, तो गौरव से भरा हर भारतीय का नारा होता है- वंदे मातरम!

साथियों,

आज ही हमारे फौज के जवानों के लिए वन रैंक वन पेंशन लागू होने के 11 वर्ष हुए हैं। जब हमारी सेनाएं, दुश्मन के नापाक इरादों को कुचल देती हैं, जब आतंकवाद, नक्सलवाद, माओवादी आतंक की कमर तोड़ी जाती है, तो हमारे सुरक्षाबल एक ही मंत्र से प्रेरित होते हैं, और वो मंत्र है– वंदे मातरम!

साथियों,

मां भारती के वंदन की यही स्पिरिट हमें विकसित भारत के लक्ष्य तक ले जाएगी। मुझे विश्वास है, वंदे मातरम का मंत्र, हमारी इस अमृत यात्रा में, माँ भारती की कोटि-कोटि संतानों को निरंतर शक्ति देगा, प्रेरणा देगा। मैं एक बार फिर सभी देशवासियों को वंदे मातरम के 150 वर्ष पूरे होने पर हृदय से बहुत-बहुत बधाई देता हूँ। और देशभर से मेरे साथ जुड़े हुए आप सबसे बहुत-बहुत धन्यवाद करते हुए, मेरे साथ खड़े होकर के पूरी ताकत से, हाथ ऊपर करके बोलिए–

वंदे मातरम! वंदे मातरम!

वंदे मातरम! वंदे मातरम!

वंदे मातरम! वंदे मातरम!

वंदे मातरम! वंदे मातरम!

वंदे मातरम! वंदे मातरम!

बहुत-बहुत धन्यवाद!

❑❑❑